AF364188

LA CONQUISTA DE LA ANTEQUERA MUSULMANA

ExLibric

JOSÉ LUIS SÁNCHEZ-GARRIDO Y REYES

LA CONQUISTA DE LA ANTEQUERA MUSULMANA

EXLIBRIC

ANTEQUERA 2020

JOSÉ LUIS SÁNCHEZ-GARRIDO Y REYES

LA CONQUISTA DE LA ANTEQUERA MUSULMANA

*A la señorita María José Ruiz por su apoyo, colaboración,
seguimiento, interés y revisión en la redacción de este libro,
que han hecho posible que lo escriba y termine
en un tiempo relativamente breve, alentado por ella.*

El autor

Índice

PRÓLOGO

Si es verdad lo que se dice acerca de que un pueblo que no conoce su historia está condenado a volver a vivirla, los antequeranos no tendremos esa condena sobre nuestras espaldas. Son muchas las HISTORIAS, con mayúscula, que nos cuentan el relato histórico de nuestra ciudad desde la Prehistoria hasta nuestros días.

Posiblemente el relato más remoto tendremos que buscarlo en los momentos más próximos de nuestra Reconquista, la crónica que se escribe coetánea de los hechos bélicos por el italiano Lorenzo Valla y que tituló *La conquista de Antequera,* título que coincide con nuestro historiador José Luis Sánchez-Garrido y Reyes, que se inclina por la palabra "conquista" mejor que "reconquista", por aquello de que en muchos lugares de España, entre ellos Antequera, no está muy documentado del todo el hecho de que fuese cristiana antes que musulmana; por eso, cuando se conmemoró el sexto centenario de esta conquista, la Comisión Organizadora de los Actos del VI Centenario decidió llamarlo "VI Centenario de la Incorporación de Antequera a la Corona de Castilla", por creer que era lo más acertado.

Posteriormente, fueron otros autores los que nos ofrecieron otras HISTORIAS, también con mayúscula, de nuestra Antequera: A. Barrero Vaquerizo, J. Conejo, Francisco de Cabrera, Alonso García de Yegros, De la Cuesta, A. José de Bilbao, Cristóbal Fernández, Trinidad de Rojas, Fermín Requena,

Antonio Parejo, entre otros, que han hecho de ella una ciudad única en este aspecto.

Según la RAE, un prólogo es "un escrito antepuesto al cuerpo de la obra" y que otros interpretan como "introducción a ciertas obras para explicarlas al lector o comentar algún aspecto de las mismas". A esto, precisamente, es a lo que se debe dedicar un prologuista, a dar una somera visión de una obra, sin entrar en detalles, porque de lo contrario, incurriría en el error de ofrecer una visión tan completa que dejaría de tener interés leerla. El prólogo debe incitar, con los datos más relevantes de la obra escrita, a suscitar en el lector, con vehemencia, su lectura.

Un historiador es una persona que escribe historia, o sea, una narración o exposición de los acontecimientos pasados y dignos de memoria, sean públicos o privados. Para ello, se vale de todo el material bibliográfico del que puede disponer y, de forma ordenada y siguiendo la cronología de los hechos, las va desarrollando.

Siguiendo estos criterios, nuestro amigo José Luis ha ido documentándose de todo el rico y abundante material que existe sobre la historia de Antequera; ha asimilado su contenido y lo ha ido contando. Creo que es mejor aplicar a su obra este verbo, más que el de narrar o relatar, como si de hechos vividos por él se tratase, logrando crear una obra amena, próxima y cercana a los interesados en conocer la historia de Antequera en su faceta más importante, como es la conquista musulmana.

La obra consta de este prólogo, que pretende estimular al lector a la lectura, de una introducción, de doce capítulos y de un epílogo. Tengo que reconocer que lo hace de tal manera asequible a todo lector, que algunas dudas que hemos podido tener acerca de esta época de nuestra historia, con ese estilo tan próximo y cercano que emplea, se nos aclaran. Así ocurre con el infante Don Fernando. Muchas veces dudamos acerca de sus relaciones con los Reyes de Castilla y de Aragón, de su parentesco con ellos y él trata a esta figura, tan importante para la conquista de Antequera, de manera tan clara y ateniéndose a los datos históricos, que, por fin, quedamos informados de todo lo concerniente a este personaje.

En otros capítulos, su relato lo hace tan pormenorizado en años, meses y días, que parece como si hubiese estado acompañando a los hechos que cuenta, al igual que lo hiciese Lorenzo Valla, cronista italiano que acompañó en persona al infante Don Fernando y cuenta sus hazañas bélicas. Y de los datos que aporta en los demás capítulos solo cabe decir que son más que acertados y suficientes para explicarnos lo que pretende: refrescar nuestra memoria y actualizar esa parte de nuestra historia.

Creo que con este libro, su autor, José Luis Sánchez-Garrido y Reyes, asume lo que Morales Lomas, en una frase que suelo citar mucho, afirma: "Los pueblos suelen tener una memoria frágil y transitoria, y los escritores estamos aquí para tratar de no olvidar de construir su edificio cronológico y sentimental, para evitar que el tiempo nos oscurezca la visión de lo que fuimos."

Como de todo libro didáctico que se precie, en su epílogo nos induce a que saquemos una conclusión del mismo: "La historia es como ha sido y es bueno recordar la misma; leer historia, para saber de nuestro ancestros, no para reivindicar hechos pasados ya prescritos, sino para aprender del pasado, por su valor para el futuro. Conocer la historia es necesario y mirar al futuro, imprescindible, viviendo el presente. Leyendo la historia se aprende y se quiere más"

Solo me resta terminar este prólogo con una recomendación que haría nuestro historiador antequerano D. Trinidad de Rojas: "Este libro no ha sido escrito para sabios, a estos solo les pido indulgencia." Yo añadiría que este libro ha sido escrito para los vecinos actuales de Antequera, sabios o no, documentados o no, ilustrados o no, para que recuerden esta importante etapa de nuestra historia, como fue la conquista de la Antequera musulmana y para que lleguen a la conclusión que llega nuestro autor: "El mayor futuro de Antequera es consecuencia de su pasado. Nuestro pasado es el futuro."

JUAN BENÍTEZ SÁNCHEZ,
Catedrático y académico.

PREÁMBULO

El 18 de enero de 2019 vino a Antequera el señor Joaquín Romero Ruiz, vicepresidente de Herogra Group, a ver la exposición de Cristóbal Toral. Comimos en Arte Cozina, un sitio que me encanta, lleno de historia, en un ambiente acogedor, con una cocina de calidad y un personal muy amable y amigo. Siempre que voy me encuentro muy a gusto. Después lo acompañé al *parking* de calle Diego Ponce, en el centro de Antequera, y aproveché para subir con él a la terraza panorámica del edificio —el mirador— y que viese las impresionantes vistas de Antequera, que realmente impactan. Se trata de un sitio que no debe dejar de verse por quienes visitan Antequera y por los antequeranos de vez en cuando. Desde allí se entiende, se comprende y se quiere más a Antequera.

El gerente de Aparcamientos Centro, señor Carmona júnior, nos explicó Antequera de forma imprevista y amable, haciendo hincapié en el castillo y en su asalto y conquista en 1410. El señor Joaquín Romero comentó: «José Luis, es un tema interesante. Sería bueno que escribieses un libro sobre ello». Él conoce bien que en mi trabajo era —cosa rara— de los que escriben mucho. La información para mí siempre ha sido un tema capital y he escrito un tremendo número de correos electrónicos e informes técnicos con el correr de los años. De esta forma tan simple se generó en mí el desarrollo de esta idea. Realmente, sabía poco de la conquista de Antequera. Casi nada, por no decir nada: que fue en 1410 y comandada por el infante don Fernando el de Antequera y poco más. Tenía curiosidad sobre este tema, por saber más para conocer su entorno, al menos algunos de sus detalles. Como antequerano, creo que es más que recomendable.

He retornado a Antequera, donde nací —antes no he podido—, para vivir lo que me quede de vida, que no será demasiado. Seamos realistas, que no quiere decir para nada pesimistas: la vida es así. He vuelto a mis orígenes; después de volar por ahí toda la vida, vuelvo a terminar en mi punto de partida. Salí de Antequera con diecisiete años y he vuelto con algo más de 74. Eso sí, no he dejado de venir cuando he podido, que no ha podido ser bastante. Soy de Antequera, me gusta Antequera, quiero a Antequera y me siento feliz con Trini, ella también antequerana. Cada uno es como es. En cierto modo, en gran medida como ha querido ser y en otro porcentaje como las circunstancias lo han hecho.

Para empezar di una vuelta por el Castillo de Papabellotas. En la tienda de *souvenirs* no había libros sobre el castillo. Decidí leer, informarme en libros físicos, en mi propia biblioteca o por internet y visitar la biblioteca antequerana, donde el personal, muy amable, me atendió estupendamente.

Decidí estudiar sobre este asunto y escribir a mi manera. Cada uno tiene su estilo; el mío, lo tengo claro, es el que es: el espontáneo. Tomé este objetivo sin ponerme fecha de terminar el trabajo, pero sin olvidarlo hasta su culminación. Me pasa lo de siempre: me pongo a hacer una cosa y me embalo hasta haberla terminado lo antes posible. Con algunos defectos, pero terminada. En este sentido, mi profesora de informática, María José Ruiz, me ha venido motivando de forma constante. No estoy muy de acuerdo con la perfección porque quita humanidad a las cosas. Algunos defectillos, sin excederse, nos hacen más humanos. Así que le he dedicado horas, básicamente de noche, con la soledad y el silencio. Mientras Antequera descansaba, mientras Antequera dormía, yo leía, pensaba, recreaba pasajes y soñaba. El libro lo rematé en Barbate, una localidad costera que a Trini y a mí nos encanta.

Me inicié con unas páginas manuscritas de don Fermín Requena Díaz, suegro que fue de mi hermana Mely, y leí unos libros suyos: *Madina Antakira* y *Tiempos heroicos de la Antequera cristiana* —precisamente, en un libro dedicado a mí allá por 1970—. Don Fermín fue un inolvidable escritor y poeta, al que recuerdo con mucha frecuencia. Leí del manuscrito sobre la iglesia de San Salvador.

He andado por la Bajada del Río, que es un paseo fascinante desde la plaza del Carmen. Como dice nuestro alcalde, el señor Manuel Barón, es probablemente el paseo más bonito de Antequera. He visitado en diversas ocasiones el Castillo de Papabellotas; le he dedicado bastante tiempo, observando como no lo había hecho nunca, con mucho detenimiento —antes siempre con prisa, ahora no tengo prisa alguna—, cada rincón durante 2019 y los primeros meses de 2020. He recreado en mi mente escenas de dicho acontecimiento en el terreno de los hechos. He rodeado las murallas por fuera y por dentro, he escrudiñado su interior. También estuve al pie de las murallas, en un recinto recoleto cercano a la Puerta de la Estrella, como espectador en una concentración de poetas organizada por el señor Juan Benítez Sánchez. Me encantó el acto y quedé sugestionado por el marco, un lugar de ensueño. Me he abstraído deambulando por el alcázar y extrapolando mi mente a la época que relato como si hubiese estado viviendo en aquellos tiempos, esos hechos, en el mismo entorno. Me acostaba y pensaba en aquellos tiempos y en la conquista, de vez en cuando me levantaba y escribía. Después lo veía, lo borraba y se iba formando poco a poco lo que ahora tienes en tus manos.

El Club de Leones celebra todos los meses, un martes, una conferencia y me propuso el presidente, señor Salvador Casaus Hazañas, que diese una. Le dije que sí y me preguntó qué tema consideraba. Le dije sin dudar que la conquista de Antequera. Así —pensé mentalmente— me comprometía a estudiar más a fondo la misma. Esto fue hace meses. No quería hablar de nutrición vegetal, mi norte durante más de cincuenta años, y sí de Antequera, mi tierra y mi cariño desde que nací.

Compro siempre en Antequera los libros que me encuentro relacionados con la misma. Antequera me interesa porque Antequera es mi tierra, mis raíces, mi familia, mis vecinos, los amigos de toda la vida y, agraciadamente, mi residencia junto a Trini. Por ello estoy disfrutando como nunca. No necesito ir más a París, EE. UU. ni a ningún sitio. Prefiero mi Antequera, compartida en ocasiones con Barbate, cuyos paisajes, gentes, silencios y mar adoro.

Tengo claro que sobre la conquista de Antequera, con el tiempo, debería rodarse una película. Probablemente sería costosa, pero hoy, con los modernos medios informáticos, seguro que mucho más económica que las grandes superproducciones cinematográficas de antaño. Sería estupendo un filme de este episodio histórico y seguro que tendría grandes repercusiones para la economía de la ciudad en el futuro, para fomentar el turismo, aparte de su éxito como tal. En definitiva, no voy a decir que la economía es fundamental, pero sí que es bastante esencial en nuestras vidas. Alrededor de ella se mueven muchas cosas. Mucho o casi todo.

No sé si los antequeranos, que somos todos los que hemos nacido o hemos vivido en Antequera, somos conscientes de la extraordinaria e intensa historia que tenemos como bagaje. Supongo que sí, aunque probablemente se conoce demasiado poco. Y hoy somos una consecuencia de lo que fuimos.

Me da mucha alegría ver fotos del castillo de 1953, una construcción con camino directo a la ruina, y verlas ahora, cuando las mejoras de mantenimiento le han dado la vuelta a la tortilla y lo hacen ver en estos momentos no con riesgo de desaparición, sino con un futuro ilusionante, largo y de mejoras, si bien queda mucho por hacer. Hay que actuar más deprisa para recuperar en lo posible nuestra historia, lo que seguramente, por edad, no veré. El problema es que, evidentemente, esto tiene un alto costo, pero es una inversión impagable a largo plazo, que agradecerán las generaciones venideras. Además, para la ciudad esto significa capitalizar el patrimonio cultural, con las evidentes repercusiones que tiene en el turismo, en una población mundial cada vez con más turistas, con más movilidad y donde para 2050 se supone que alcanzaremos una población total de 10.000 millones de habitantes aproximadamente en el mundo. Toda una barbaridad abierta con mil incógnitas, como siempre es el futuro.

Antequera es apasionante, Antequera es impresionante, cargada de historia, repleta de vivencias, ni muy grande ni muy pequeña, de gente muy amable, de mujeres muy guapas y diría que bastante elegantes y estilosas en alto porcentaje. Un lugar ideal para vivir. Antequera es el centro del mundo, por lo menos para mí; y, desde luego, el centro de Andalucía para todos.

No he pretendido de ninguna forma hacer un libro técnico ni mucho menos. No es lo mío; no soy investigador histórico. Lo que pretendo es un libro que sea entretenido y basado en hechos reales, un relato. Y si hay imprecisiones, ruego que se me disculpe. Es, en definitiva, la narración que, como he comentado, puede ser algún día base para la película o ayudar a la misma. He procurado no inventar; aun así, no me ha sido posible evitarlo, aplicando la lógica en algunos pequeños detalles. Creo que probablemente esto les pasa a todos. Solo pretendo exponer de la forma más amena la conquista de Antequera con el refrito de lo visto, leído, madurado, estudiado y conjuntado. Y que el lector se distraiga y le sirva para conocer más sobre Antequera y para sentir más a Antequera.

DE CÓRDOBA A ANTEQUERA

El 21 abril de 1410 salió el infante don Fernando desde Córdoba para Antequera con su ejército. Tenía previsto que se le unieran otras fuerzas de Sevilla cerca de Herrera y también un contingente importante en la propia Antequera. Tiempo atrás había encargado la compra de bastante y concreto material bélico en Sevilla, que sería transportado a Antequera directamente, así como la contratación de medios humanos en los pueblos de la zona y en la capital misma. El 21 abril era un lunes, en plena primavera, cuando en el campo hay pastos para los caballos, cuando el campo tiene un bonito color verde y esperanzador y cuando en cierta medida, con dudas, se ha marchado la época de las lluvias intensas y el frío en Andalucía. El temor a la lluvia, no obstante, no había desaparecido. El tiempo es impredecible y las lluvias intensas hubiesen sido un factor muy negativo para el estado de los caminos. Quizá fuese un poco pronto esta fecha de abril. Siempre existe la duda dentro de un tiempo ideal.

El día anterior, domingo, se había decidido en Córdoba la toma de Antequera entre otras opciones, pero el infante en su mente tenía claro ya muy previamente el objetivo; sin embargo, el debate de la decisión de cuál iba a ser la plaza atacada se aireó mucho que se tomaría en Córdoba. A tal efecto estaba convocada la nobleza y se barajaban diversas opciones, tales como Ronda, Antequera, Gibraltar y Baza fundamentalmente. Esto estaba diseñado, dentro de la estrategia trazada por el equipo del infante, para que el enemigo no se preparase a conciencia si tuviese conocimiento de un punto de ataque concreto. Interesaba por ello que se supiese que no se había tomado la decisión del punto de ataque porque así los musulmanes estarían un poco desconcertados por falta de información y sin reforzar un punto concreto. Al menos es lo que se pensaba, todo ello dentro de los planes trazados. Era una idea y había que tener en cuenta todas; de hecho, la nobleza presentó y discutió las ventajas e inconvenientes de los diversos puntos. Fue el infante el que reseñó que sería Antequera y dio diferentes razones para ello como la cercanía a Sevilla para el aprovisionamiento, el ser núcleo geográfico de Andalucía y su cercanía a Granada. Lo tenía bastante claro. Y el infante era ni más ni menos que el corregente del Reino de Castilla y León y hermano del fallecido rey Enrique III el Doliente. Era el infante una de las personas más poderosas del reino: el nuevo rey, por su corta edad, no se podía de momento hacer cargo del trono, habiendo sido nombrados dos regentes, su madre y el infante don Fernando.

Era el año 1410 el año de la conquista de Antequera como hecho más destacado, como objetivo claro dentro del Reino de Castilla y del orbe peninsular y europeo. La flota castellana estaba anclada en Cádiz, adonde se la había enviado desde el norte, desde las Vascongadas, lo que hacía suponer que probablemente sería Gibraltar la atacada, pero la razón era evitar posibles refuerzos por parte de otros países norteafricanos, a la vez que saquear la costa con la guerra declarada y hacer frente a la armada nazarí. En la conquista de Antequera, por vez primera en la península ibérica para una guerra se estaba utilizando mucho el *marketing*, mucha publicidad y la estrategia, una importante escenografía. Era una forma nueva de hacer la misma. Por vez primera en España se utilizaba maquinaria de guerra de última generación en aquellos tiempos.

Quedó tomada la decisión —por llamarlo así, aunque no era así— sobre la marcha al día siguiente por la mañana, con salida de las tropas para Antequera con mucha rapidez para que el enemigo tuviese el menor tiempo posible para reaccionar. El factor sorpresa era muy importante. El infante Don Fernando era muy dado a buscar como aliado el factor sorpresa, el engaño al enemigo, no dar tiempo a este a prepararse en lo posible. Era un estratega. Todo el plan había sido preparado minuciosamente desde meses atrás, quizá un año. Se quería hacer un asalto rápido y, por consiguiente, lo menos costoso posible, aunque, como veremos, no fue así.

Los desplazamientos eran muy lentos. La mayoría del contingente iba a pie y con ellos viajaban no menos de cien carretones, aproximadamente, tirados algunos por bueyes y en gran proporción por ganado mular, sobre todo este. Cada una de las carretas estaba dedicada a unos fines concretos en el transporte: unas contenían esteras de esparto para colocar encima el petate o saco de dormir, otras con el petate o colchón relleno de paja debidamente enrollado y prensado para ocupar el menor sitio, otras con pesadas mantas. Igualmente, se transportaban muchas tiendas de campaña, armas y enseres muy diversos.

La logística de tanta población fuera de su entorno familiar y en el campo era muy complicada. Eran muchas bocas para comer todos los días. Cada soldado portaba su saca para su ropa y enseres, entre ellos una cuchara de madera y una marmita, que servía para, tras hacer cola, ser llenada con el plato del día, servido desde grandes calderos, o para el desayuno tempranero. En general era personal fuerte, que requería una alimentación adecuada al caso. El cuidado personal y la higiene, como es imaginable en esas condiciones, no eran muy intensos. Prácticamente todos llevaban barba para evitar afeitarse. Otros utilizaban el casco de protección como plato.

En este entorno se entiende que todos los componentes del asedio eran hombres. No había ni una sola mujer. Esta circunstancia —encontrarse solo el hombre, prácticamente incomunicado y con las ganancias del hombre de guerra— hace prever que se producirán deserciones de soldados que quieren volver con sus familias aun a costa de sufrir muy fuertes castigos si son apresados.

El juego de cartas clandestino era la base de no pocas peleas, incluso con víctimas, y la obtención de descansos se aprovechaba para ir a suelo de dominio castellano cercano a la frontera nazarí, localidades y cortijadas en las que, debido a la guerra, se habían instalado negocios de juego y alcohol, por decirlo finamente. Los desplazamientos se hacían en carretas debidamente contratadas.

En las carretas iba cebada para el ganado, trigo para el pan y forraje para el ganado que, además, recolectaban a su paso donde lo había. Desplazarse en primavera también permitía que los animales tomasen ese forraje directamente del campo. Necesitaba el ejército transportar ganado —vacas, ovejas y cerdos— para su sacrificio y alimentación. El vino y el aceite, sobre todo el primero, eran buena parte de la carga. El aceite era más fácil de comprar en Andalucía. El vino era esencial; de hecho, se tomaba poca agua por temor a enfermedades, salvo de corrientes muy cristalinas. El pan, amasado a mano, se cocía en hornos metálicos transportables y, desde luego, no se confeccionaba en los desplazamientos, por lo que se tomaba duro o ablandado con agua o se compraba en las poblaciones cercanas a los lugares donde por norma acampaban. Cada uno avisaba previamente, por lo que las mismas hacían su agosto, pero en general los aprovisionamientos eran un grave problema.

Acampar cerca del agua era básico para abrevar el ganado y, por supuesto, para beber y asearse en lo posible el personal. Así tenemos esta ciudad ambulante con asignación de tareas a cada uno y con muchas especialidades: el personal, cocineros, zapateros, afiladores y encargados de las provisiones, entre otros, aparte de la gente de guerra. La hueste estaba integrada por personal muy curtido, duro y esforzado, que sabía en muchos casos que tenía alta probabilidad de ser muerto y no regresar.

En territorio nazarí, una forma de abastecerse bastante fundamental de los castellanos era el saqueo de todo lo posible en muchos kilómetros a la redonda. Se buscaba alimentación para el ejército y joyas, dinero y otros objetos de valor, que se repartían entre la tropa. Igual ocurría a la inversa con el ejército moro. Acamparon en La Parrilla —cerca de Posadas— y el martes en Los Cuartillos, muy cerca de Écija. El miércoles el contingente llegó a Alhonoz, castillo cerca de la actual Herrera. El jueves se quedó en Alhonoz, pues llovía muchísimo. Ese día llegó allí Pero Afán de Rivera con su tropa y portando la espada de

Fernando III el Santo, patrón de Sevilla, que entregó al infante en una ceremonia llena de simbolismo, un acto para recordar antes de acometer la gesta. Todo bien estudiado.

El viernes se salió hacia el río Yeguas, que era la frontera. Acamparon en la parte castellana, sin atravesar el río, que desemboca en el Genil, concretamente en Puente Genil. A su vez el Genil desemboca en el Guadalquivir en Palma del Río. El río Yeguas nace en la sierra del mismo nombre (cercana a la localidad de Sierra de Yeguas) y atraviesa el término de La Roda de Andalucía. Es un afluente de un afluente. Comentan que es caudaloso en época de lluvias y generalmente está seco. A unos treinta kilómetros está Antequera.

Los pertrechos de guerra que faltaban y aprovisionamientos de maquinaria principal estaba previsto que fuesen directamente de Sevilla a Antequera, una vez acampados en las cercanías de esta, para no tener todos los huevos en el mismo cesto ante algún imprevisto sorpresa como podría ser un ataque inesperado de tropas de Granada. Le aconsejaban sus allegados que esperara junto al río la llegada de los abastecimientos desde Sevilla, que además venían con un total de 1.400 personas de refuerzo. El infante era de mentalidad imperiosa: daba órdenes para que se ejecutasen rápido. Él quería encontrar a los antequeranos desprevenidos y que no le diese tiempo a llegar al ejército moro desde Granada.

El infante era muy cristiano y practicante y le acompañaban dos grandes colaboradores amigos, que también prestaban ayuda financiera, un obispo y un arzobispo guerreros —el obispo de Palencia y el arzobispo de Santiago de Compostela, nacido en Sevilla—, aparte de un amplio repertorio de la nobleza castellana. A aquella guerra se le daban unos motivos de alto peso como la lucha contra el infiel, la defensa de la cristiandad, la ampliación del Reino de Castilla, el engrandecimiento de la patria…, pero había otros motivos más importantes, más sórdidos o realistas, como el deseo de aumentar fortuna y, en el caso del infante, hacer méritos para ser proclamado rey de Aragón al no tener su tío Martín el Humano descendencia directa. El infante era muy ambicioso de poder, aunque también era igual entre sus iguales. Me refiero a que no se le había subido el cargo a la cabeza. En ese aspecto era modesto, sin exageración, llano y claro. Era inteligente y ambicioso y se había rodeado para Antequera de un buen equipo de colaboradores. Bueno, siempre tenía un buen equipo, no solo para Antequera.

En aquellos tiempos los reinos dentro de la península ibérica eran Castilla y León, Aragón —que incluía Cataluña—, Navarra, Portugal y el Reino Nazarí de Granada, el único reino musulmán en Europa. Las tropas eran sufragadas en su mayor porcentaje por el Reino de Castilla, de acuerdo con una cantidad que se libró en las Cortes celebradas en Toledo. Aparte de ello, los nobles ponían sus propias tropas y ellos mismos iban a la guerra y colaboraban económicamente recabando impuestos en sus comarcas, lo mismo que la Iglesia. Con todo ello, el infante don Fernando agotó lo disponible. Él era el administrador de los fondos, por lo que tuvo que recurrir a que le ampliasen el presupuesto, cosa que hizo la corregente de Castilla, su cuñada, con la que las relaciones inicialmente no eran muy cercanas, al menos en esos momentos. Quizá era una situación fomentada por parte de la nobleza, si bien con el tiempo se arregló. Si no hubiese sido así, si no se hubiese librado más dinero, no se habría conquistado Antequera. Esto de quedarse sin fondos ocurrió casi dos meses después a las fechas que nos ocupan. El infante era el administrador de los fondos de la Corona librados para la guerra y de ello se beneficiaba económicamente para invertirlo en sus ansias de poder. Por ejemplo, para comprar lealtades en el Reino de Aragón. En aquellos tiempos no había presupuestos para compra de equipamientos y la duración de la guerra era una incógnita si no se cumplía lo planificado.

Esta riqueza de cuna, esta riqueza de trayectoria, le sirvió bastante para ser posteriormente rey de Aragón. En esta carrera, conquistar Antequera le suponía alcanzar un muy alto prestigio, como así fue. Llevaba su propio cronista, que, evidentemente, ensalzaba cada movimiento y gracias al cual conocemos con detalle la conquista de Antequera, si bien de forma un tanto parcial. El infante era lo que podemos llamar «gastoso». Teniendo dinero, lo manejaba con facilidad. No en caprichos, sino siempre obedeciendo a objetivos políticos y de alcanzar el mayor poder posible. Lo veo más como inversor.

Desde meses antes, en Sevilla había una intensa actividad industrial fabricando los preparativos para la guerra, haciendo contratos de personal para la misma y previniendo su transporte y, por supuesto, la aportación económica de cada ciudad. La economía sevillana estaba tomando un fuerte impulso por este motivo, por la fabricación y almacenaje de medios de todo tipo para la guerra.

El infante conocía bien Sevilla, donde tenía bastantes relaciones. Ya tres años antes, en 1407, había estado allí y enfermó. Su salud nunca había sido buena; su aspecto extremadamente delgado lo delataba. Después, ese otoño conquistó Zahara de la Sierra, así como las fortificaciones de Torre-Alháquime, Ayamonte, Ortegícar —muy cerca de Cañete la Real— y Cañete la Real, pero fracasó en Setenil, plaza que no pudo conquistar. El invierno se le echaba encima, los soldados desertaban por falta de cobro, la bastida de asalto no pudo llegar a las murallas, pues falló en su desplazamiento, cayendo debido a un bache del terreno... Tuvo que desistir, no tuvo otra alternativa. Los nobles no querían continuar. Las bastidas que tenía eran más bajas que las murallas y no le servían, el mal tiempo se le echaba encima. Fue un varapalo el que recibió en Setenil, un gran lamparón que se intentó tapar con las otras victorias, ensalzando las mismas. Es por ello que las Cortes castellanas cortaron la financiación y le obligaron a firmar una tregua de dieciocho meses con los nazaríes; sin embargo, el balance total de la campaña fue muy bueno, aun con esta última circunstancia.

Al hablar de Ayamonte, no pensemos que fue Ayamonte de Huelva. En la campaña de 1407 la zona de actuación fue, vamos a decir, los alrededores de Ronda. Ya Olvera era cristiana y las plazas de Torre-Alháquime, que he visitado, y Zahara de la Sierra —para los efectos de este libro, con pequeños castillos o torres situadas encima de peñascales— eran muy poco pobladas. El infante no llegó a entrar en guerra en campo abierto, salvo en la batalla de Boca del Asno, que fue la única que tuvo a campo abierto. Lo demás era asedio, cerco, disparos de bombarda y avisos a los asediados de que, si no se rendían, serían matados de forma indiscriminada, cosa que se hacía para que se tomase nota en casos similares en el futuro. Era una norma de guerra. Realmente, para los soldados castellanos y musulmanes el hecho de matar al enemigo era totalmente natural, sin más importancia ni problemas de conciencia. Igual que el que va de cacería y mata jabalíes. La creencia en otra vida extraterrenal estaba mucho más acentuada que en la actualidad.

El infante había tomado nota de todas las incidencias y problemas y había aprendido para que no volviesen a suceder en futuros asedios. El nombre de Setenil viene de *septem nihil* (siete sitios): siete veces en su historia fue sitiada y los asedios fracasaron, no siendo definitivamente conquistada hasta el 21 de julio de 1484. Había aprendido que había que estar muy preparado, había aprendido que una vez iniciado un asedio no se debe desistir, que los pagos puntuales a la tropa son fundamentales —el que no cobra no lucha— y que los responsables de cada batallón tenían que ser hombres de su total confianza, de contrastada confianza.

En buen porcentaje sobre el total, los soldados se contrataban de forma temporal mediante una selección rigurosa, eligiendo a los que habían participado en otras batallas. En cada pueblo unos pocos y con el visto bueno del alcaide. Habían de ser hombres duros y duchos y eran contratados sabiendo el alto riesgo que corrían de no volver, pero lo hacían por motivos económicos en época de hambre, en lo que era realmente una profesión eventual de riesgo, pero profesión. Cuando se acababa la guerra se disolvía el ejército en alta medida, quedando uno muy reducido. Las tropas estaban en acción mientras cobraban puntualmente, aparte de lo que obtenían en saqueos, donde no había límite ni freno, con las consiguientes aberraciones humanas. Había aprendido a tratar a la tropa con rigor.

Los moros no merecían ninguna piedad. Ni los combatientes vencidos, sometidos a total esclavitud; ni los muertos, despojados de sus ropas. Tampoco las poblaciones, saqueadas y con asesinatos indiscriminados. El infante se alegraba, lo mismo que la tropa, tanto de las destrucciones y muertes que causaban como del botín conseguido. Los enemigos cristianos no recibían un tratamiento mejor, llegándose a la crueldad. Todo ello bajo la mentalidad de aplicar la justicia imperante de la época.

En la práctica, hacía cincuenta años que no había habido guerras con los moros, solo puntuales escaramuzas, y después de la conquista de Antequera pasarían setenta años para que se iniciara la conquista de Granada. Tuvo la conquista de Antequera una especial relevancia. Fue, en definitiva, un hito para el infante por inversión, por ser un peldaño fundamental en su ascenso a más poder. Era un objetivo ambicioso donde no podía fallar, lo que para él hubiese sido calamitoso en todos los aspectos.

El infante don Fernando tenía cuando marchaba para Antequera treinta años y una estupenda imagen. Era una persona muy equilibrada y con una alta capacidad de liderazgo, aparte de que el rey era su sobrino y él ostentaba una de las dos regencias.

No se puede decir que fuese un héroe, pero sí se puede indicar que era un buen estratega y político. Independientemente de todas estas virtudes, destacaba por una más: era, en definitiva, lo que hoy se llama un buen gestor, un líder. Era digna de admirar la fidelidad conyugal en aquellos tiempos de guerra y su cristianismo de misa diaria, de ayuno los sábados a pesar de su precaria salud. Y, sobre todo, era un experto en *marketing* y en la creación de admiradores y adeptos, alentado, desde luego, por los caballeros que le aupaban. Con lo que no contaba y no se podía imaginar era con morir demasiado joven por enfermedad. Falleció con 36 años en unos tiempos en los que de medicina se sabía bastante poco. Se truncó una leyenda; alguien del que se hablaba permanentemente en toda España y en el extranjero murió en plena juventud.

Todo ello se conoce muy bien gracias al libro *Crónica del rey Juan II de Castilla* —escrito, evidentemente, en castellano antiguo—, en concreto a la parte que corresponde a la minoría de edad del rey Juan II, durante la cual el infante don Fernando era corregente, junto con su cuñada Catalina de Lancaster, del Reino de Castilla y León. Se conocen muy bien los acontecimientos por el cronista del reino, que estuvo desde el comienzo, desde la salida de Valladolid del infante camino a Córdoba. Iba el cronista muy cercano a él y tomando nota y escribiendo, lo cual para la época era un avance importante. En cierto modo, era el responsable de *marketing*, el divulgador de la gesta. Evidentemente, el cronista ensalza aún más la misma; su jefe era el infante don Fernando. Con anterioridad a su llegada a Córdoba, el infante partió de Valladolid camino de esta en febrero, acampando cerca de Trujillo. Se sabe que el día 11 de marzo estaba en Guadalupe y el 26 de marzo, en Llerena.

Ya por fin estaba en la orilla del río Yeguas. Al otro lado del río, el alfoz —el distrito— de Antequera. Había llegado por fin junto a la frontera nazarí. Al día siguiente cruzarían el río y se adentrarían en territorio moro. El infante, nervioso, rezaba aquella noche primaveral. De rodillas en su tienda junto al obispo de Palencia, a la luz de un candil y con guardianes en la puerta de su amplia tienda de campaña, rezaba por su familia y por él, por su incierto futuro, y seguramente pensaba que por qué había promovido esa aventura de alto riesgo. Salió de la tienda de campaña y, rodeado de olivos, miró el cielo estrellado. Al amanecer siguiente atravesaría el río y se iniciaría la toma de Antequera, preparada en los dos últimos años, fundamentalmente en 1409. Había mucha gente siguiendo sus avatares: si fallaba y no podía conquistar Antequera, su futuro se vería bastante afectado y su economía también. Lo que no podía ni pensar en sus ambiciones a largo plazo es que tan pronto alcanzaría la muerte, con una enfermedad muy dolorosa. En aquellos tiempos sin solución, nada más lejos de su pensamiento.

26 de abril: Llegada a Antequera

El gran día. Antes del amanecer de ese sábado sonaban fuertemente las trompetas y tambores de su ejército, así como los cuernos de guerra, gritos y algarabía, y se atravesaba el río Yeguas. Pasaron la frontera y se dice que de ahí procede la expresión: «Salga el sol por Antequera y que sea lo que Dios quiera», ante la aventura llena de incertidumbre que iban a acometer ese día. Y sí les salió el sol, ya en territorio antequerano. A mediodía llegaron a las cercanías. Delante del ejército, de las huestes, números vigías, separados dos kilómetros del contingente, oteaban en todas direcciones —delante, a los lados y por detrás— a fin de implantar el real en Antequera, en dos campamentos a unos treinta kilómetros de la frontera del río Yeguas.

Al poco de entrar en territorio nazarí, después de atravesar el río y recorrer un tramo y en lo que hoy es la localidad de Humilladero, el infante hizo desplegar el ejército y previamente, donde hoy está el monumento a la cruz, se hincó de rodillas —se humilló, en castellano antiguo— y juró no envainar su espada hasta no ver conquistada Antequera, rezando e implorando a Dios que le ayudase. Posteriormente, las huestes se situaron en posición de guerra a campo abierto, dirigiéndose en esta formación a la ciudad para conquistarla o para estar preparadas para un enfrentamiento, de forma que parecieran más numerosas de lo que realmente eran para impresionar al enemigo. El infante sabía perfectamente que no iba a confrontarse con él debido a los ojeadores y espías que tenía situados. Iban a sitiar a Antequera, pero el despliegue de un ejército bien organizado perseguía sorprender. Quería que el enemigo se sobrecogiese y lo viese todo perdido. Era, además, una forma de infundir disciplina y entrenamiento a sus tropas, de poner alerta a la tropa, de avisar de que la guerra había comenzado, de que no había retorno y de que Antequera, seguro, iba a ser tomada. Era la gran cruzada para dar más moral, para en buena medida enaltecer al infante.

Era el músculo fuerte del infante, que pretendía ser el rey de Aragón, como consiguió.

La tropa estaba formada «por 2.500 lanzas a pie, 1.000 jinetes y entre 9.000 y 10.000 peones». En total, 13.500 personas aproximadamente. Para hacer un ejercicio sobre su configuración, considero que los batallones estaban integrados por mil hombres, repartidos en cinco compañías de doscientas personas. Delante, en línea de vanguardia, iban tres batallones —es decir, quince compañías— comandados por nobles responsables. Como nombres más destacados iban don Pedro Ponce de León, señor de Marchena; Martín Fernández de Angulo, alcaide de Los Donceles; Alonso Martínez de Angulo, Diego Rivera, Hernández de Argote... En definitiva, muy numerosos personajes de la nobleza.

Detrás, a cierta distancia de la vanguardia, en el centro, se encontraba el infante don Fernando con su guardia personal, rodeado de los pendones de los caballeros que integraban su ejército. Junto al infante, a su derecha, don Sancho de Rojas, obispo de Palencia y persona muy vinculada y de confianza del infante —el número dos, en definitiva—; un batallón por delante del mismo y cercano al infante, dos batallones en línea a la derecha y otros dos a la izquierda y, ya más separados, otro batallón a cada lado. Estos siete batallones sumaban 7.000 hombres. Detrás, tres batallones o regimientos formados por personal de servicios con el ganado mular, carretas y ganado para alimentación del ejército; el personal, con especialidades muy diversas como cocina, cuidadores de los caballos, carpinteros, conductores de carretas con suministro y de ganado mular y un largo etcétera. Con este despliegue parecía mucho más numeroso de lo que era, pues se separaban prudencialmente unos de otros. Era un alarde de fuerza, de músculo y de potencia para infundir miedo, para que los que lo viesen lo contasen. La forma de entrar en territorio nazarí era la de un ejército para entrar en batalla. Y esto no era así: se sabía perfectamente que iban a un asedio, no a una batalla campal. Realmente, la organización de vigías e informadores era bastante buena; el despliegue castellano era espectacular al estar abierto en mucho espacio. Un desfile de la victoria sin haberla tenido. El desfile de los triunfadores, la apoteosis de un hecho no acaecido.

Las diversas compañías estaban comandadas por la nobleza. Entre la misma iban don Ruy López de Dávalos, condestable de Castilla; don Enrique, conde de Niebla; Diego Fernández de Córdoba, mariscal del rey; don Pero García de Ferrera, igualmente mariscal del rey; Diego de Sandoval, mariscal del rey; García Fernández Manrique, Carlos de Arellano, don García Fernández de Villagarcía, comendador mayor de Castilla, y don Lorenzo Suárez, comendador de León, por citar algunos. También había altos cargos de la iglesia, tales como el ya mencionado obispo de Palencia y el arzobispo de Santiago, que colaboraron igualmente con dinero y efectivos humanos y como guerreros al mando de batallones. Igualmente, viajaba un amplio número de frailes.

La disciplina era fuerte y las normativas en cuanto a trabajos y funciones diarias estaba bien jerarquizada y organizada como forma de tener en orden tan elevado contingente de personal. Estaba bien prevista la instalación de dos campamentos, uno al norte de la ciudad y otro al sur, este último un poco separado debido a lo accidentado del terreno y a la falda de la cercana sierra del Torcal.

Iniciaron el montaje del campamento norte en la zona donde está la iglesia de San Francisco, el mercado de abastos, el Instituto Pedro Espinosa y el Colegio de la Victoria. Era una amplia extensión en llano e iniciaron un promontorio de tierra como protección circundante y balizas. Desde las murallas podía verse perfectamente todo el campamento del ejército, que es lo que querían para infundir miedo. Se situaba a una distancia del alcázar suficiente para que los disparos de las bombardas no alcanzasen. En principio iban a situarse más lejos, pero corrigieron la ubicación para hacerlo más en llano y más cerca de la medina y para ser bien vistos por los futuros asediados. La información que tenía el infante con respecto a Antequera era buena, estaba bien preparado. Ya en la misma habían fracasado Alfonso XI y también Pedro I, llamado el Cruel. Don Fernando había tomado buena nota de las razones para no repetirlas.

Los peones eran para la guerra y para trabajos muy variados y diversos, algunos de gran riesgo como era rellenar parte del foso, delante de la muralla, por donde tenían que pasar las máquinas de guerra y los guerreros, además del cuidado y alimentación de caballos, la preparación de comidas, la limpieza, etc. Así pues, el contingente era abrumador pensando, más que en el asalto a la ciudad, en la guerra con el ejército procedente de Granada, que pensaban que, lógicamente, vendría de inmediato a ayudar a los sitiados. Era un ejército muy profesional y curtido. Tanto en los jinetes como en los soldados de a pie se valoraba mucho la experiencia y, por lo general, eran experimentados combatientes. Se habían diseñado normas para una severa disciplina, con los castigos importantes subsiguientes para los no cumplidores de las mismas.

El infante tenía en Sevilla a Fernán Rodríguez de Monroy como persona de confianza —y sus colaboradores y oficina en los Reales Alcázares—, que era, entre otras cosas, el encargado de enviar los pertrechos de guerra desde Sevilla, para lo cual había ya preparadas muchas carretas y 1.400 hombres entre ballesteros y lanceros. Estaba previsto que tardasen lo menos posible para que las tropas del infante no se viesen demasiado cortas. El trayecto de Sevilla a Antequera de las carretas solo duró cinco días, en un desplazamiento intenso y extenuante, aparte de los días de carga de las carretas y preparación del convoy. Tenía cierta prevención temiendo que desde Granada se le pudiese enviar sobre la marcha un ejército sin haber recibido el castellano parte del suyo desde Sevilla, como así ocurrió.

Por la parte árabe había un buen alcaide con ideas claras responsable del alcázar, cuyo nombre era Al-Karmen, con su dotación de ejército propia de Antequera, como plaza fronteriza y con relativa autonomía respecto a su superioridad en Granada por ser ciudad de frontera. Sin embargo, comparado con el potencial del ejército castellano, su contingente era minúsculo. Su fuerza estaba en tener un fortín muy difícil de asaltar.

En total, las tropas castellanas sumaban en números redondos unas 15.000 personas, con los esperados refuerzos procedentes de Sevilla, mientras que los asediados eran unos 3.500. Casi cinco veces más personal en el ejército cristiano que en el musulmán para estar preparados para los refuerzos de Granada. Entre los asediados se contaban además muchas mujeres y niños. Los hombres de guerra no sumaban más de 1.500, diez veces menos que los castellanos. La conquista de Antequera se había iniciado. El porvenir estaba por verse. Antes de entrar en el asedio y su culminación vamos a hablar brevemente del entorno confluyente.

SEMBLANZA DEL INFANTE DON FERNANDO

Es un personaje muy bien conocido en la historia medieval de España. Fue «el que ganó Antequera» y, después de ello, en vez de conocérsele como el infante don Fernando, el que ganó Antequera, se simplificó a infante don Fernando de Antequera. Se dejó así, con los siglos, para la memoria asociada. Gobernó como rey el Reino de Aragón con el nombre de Fernando I.

En Castilla y León reinó desde 1390 a 1406 Enrique III el Doliente, hijo de Juan I y de Leonor de Aragón. Tenía once años cuando heredó el trono de su padre debido a que Juan I falleció en Toledo al caerse de un caballo. Al ser rey a tan temprana edad, Enrique III tenía varios tutores, personalidades destacadas, pero el reino estaba en una situación lastimosa. El sobrenombre de «el Doliente» era debido a lo enfermizo que estaba. Tomó posesión del reino y del señorío de Vizcaya a los catorce años, en 1393, y su reinado fue bastante fructífero. Era su hermano el infante don Fernando.

Como Enrique III no tenía descendencia, lo normal es que hubiese heredado el trono de Castilla y León el infante don Fernando, pero antes de fallecer en 1406 Enrique tuvo un hijo, que reinaría con el nombre de Juan II, con lo cual el infante don Fernando quedaba descartado como rey, tema por el que él se mostraba preocupado. Al fallecer el hermano del infante, quedaron de tutores la esposa de Enrique III, Catalina de Lancaster —es decir, la madre de Juan II—, y su tío, el infante don Fernando, a efectos de administración del reino, porque la educación del futuro rey fue asignada a un equipo de personas. El rey Enrique III estaba preparando un ejército para guerrear contra el moro cuando empeoró y falleció en 1406 y heredó su hijo, Juan II, con un año.

El infante don Fernando era tío carnal de Juan II. Por consiguiente, si no llega a nacer Juan en las postrimerías de la vida de Enrique III, don Fernando hubiese sido rey de Castilla. Todos pensaban que esto era lo que iba a suceder, pero no fue así. El nacimiento de su sobrino fue para él un jarro de agua fría que rompía sus ambiciosas esperanzas. El infante don Fernando no quiso oír las voces que le sugerían que se alzase para quedarse con el reino. Tenía el tema claro: él respetaba mucho a su hermano fallecido y, desde luego, asumía que su sobrino fuese el rey. No tenía duda alguna. Además, posiblemente hubiese sido una guerra entre partidarios de uno y otro, una guerra civil de futuro bastante incierto y complicado. En definitiva, no era ni mucho menos su estilo ni su sentir, ni era nada claro que pudiese conseguirlo.

El infante era muy rico. Su padre le había dejado una gran dote, precisamente para que no hubiese conflicto entre hermanos, y además una renta anual muy importante, proveniente directamente de las arcas del tesoro. Aparte de ello, siendo un niño se casó —o lo casaron— con su tía, mayor que él y que igualmente era muy rica. Se le apodaba la Rica Hembra Leonor de Alburquerque y era hija del hermano del rey Enrique II. Ella tenía veinte años y él trece. Tuvieron un total de siete hijos —cinco niños y dos niñas—, conocidos con el nombre de los infantes de Aragón, pero esa es otra larga historia. El infante procuró dejarlos «colocados» lo mejor posible. Uno de ellos, Alfonso I el Magnánimo (1394-1438) —es decir, Alfonso V— fue rey de Aragón. Al final hubo muchos problemas con los infantes de Aragón y por causa de ellos, pero esto ya no lo vivió el padre. El infante don Fernando se llevaba mal con su cuñada, corregente al principio. Tener dos corregentes no deja de ser un problema, a lo que se unieron insidias por parte de allegados de una y otra parte. Como consecuencia de ello, a efectos de regencia el Reino de Castilla se dividió en dos: la parte sur le correspondió al infante. Era la forma de evitar la confrontación. Con el tiempo los problemas entre ambos regentes se solucionaron. Era una división a efectos de funciones.

La corregente, Catalina de Lancaster, era nieta de Pedro I y el infante era nieto de Enrique II, que asesinó a Pedro I. Antagonismos históricos heredados. Ya al final llegaron a entenderse perfectamente al ser proclamado rey de Aragón el infante y ver su cuñada que no iba a ser rival para nada de su hijo. Además, al ser rey de Aragón era una ventaja para los castellanos. El infante don Fernando era también sobrino del rey de Aragón, Martín I el Humano, el cual no tenía descendencia. Era, por tanto, una de las opciones que el Reino de Aragón tenía para el futuro. Al infante le interesaba hacer méritos para, entre las diversas opciones, ser el elegido como rey de Aragón. No era la opción que más allegada era por línea sanguínea; sin embargo, tras una serie de circunstancias, muchas presiones y ganando adeptos entre los que tenían que hacer la elección, fue finalmente elegido como rey de Aragón, tema un tanto curioso porque para esa nación no dejaba en aquellos tiempos de ser un extranjero. El haber conquistado Antequera y su fama consiguiente, junto con las ganas de los aragoneses de tener un estadista como rey, le valieron en mucho para conseguir este objetivo.

Había tensión provocada por Mohamed VII, rey de Granada. Ambos Estados, el castellano y el nazarí, se atacaron en 1405. El infante acompañó a su hermano, el rey Enrique III, a la guerra contra los moros en Baeza en 1405. Una de las hijas de Juan II, hijo de Enrique III, fue con el tiempo la reina Isabel la Católica.

Ya fallecido el rey Enrique III, se continuó con la guerra. En 1407 el infante pensaba en la conquista de Ronda, pero dejó esa idea, cambió y conquistó Zahara de la Sierra, Torre-Alháquime, Cañete la Real, Las Cuevas —actual Cuevas del Becerro— y Ayamonte, aunque fracasó en Setenil, donde, viendo que el tema no era posible, levantó el cerco, licenció al ejército y se fue a Castilla. Entre otras cosas, lo ocurrido en Setenil se debió a haberse dejado llevar por consejeros en alguna medida diferentes a su forma de pensar y a cierto descontrol en lo económico, de lo que aprendió y tomó buena nota para el futuro. El Ayamonte reseñado es un castillo cercano a Olvera; nada que ver con Huelva.

Don Fernando fue líder en la guerra contra el islam como forma de defender la religión católica y de engrandecer el Reino de Castilla y, sobre todo, sus propios planes de poder y dinero. Él, en definitiva, era el administrador de los volúmenes de dinero que las Cortes de Castilla libraban para la guerra. Como buen líder, se dotó de un complejo aparato propagandístico y de *marketing*: protección directa de la Virgen María, encarnación del ideal de caballero, protector de Juan II de Castilla, prototipo de caballero medieval.

El infante don Fernando era el segundo hijo de Juan I de Castilla y reinó en Aragón como Fernando I de Aragón, llamado también Fernando de Trastámara, Fernando el de Antequera, Fernando el Justo y Fernando el Honesto. Eran otros sobrenombres del infante don Fernando de Antequera, pero prevaleció con los siglos este último.

Nació en Medina del Campo (Valladolid) en 1380 y murió en Igualada (Barcelona) en 1416, a los 36 años, de piedras en el riñón, que, por lo visto, es uno de los peores dolores que se pueden tener. En aquellos tiempos la medicina estaba muy poco avanzada, mucho menos en Castilla que en el reino nazarí, y como consecuencia de ello la mortandad temprana era muy frecuente. Las epidemias mermaban de vez en cuando la población de forma impresionante. En noviembre de 1414 estaba enfermo y tenía pánico a que lo estuviesen envenenando. Se quedó muy delgado, prácticamente esquelético. Incluso hubo un momento en el que lo dieron por muerto: tras un ataque que sufrió el 6 de enero de 1415 le pusieron una vela en la mano y lo estaban velando, pero se repuso para ya morir el 1 de abril de 1416 en Igualada, cuando iba en trayecto de Barcelona a Zaragoza.

Fue el primer monarca aragonés de la dinastía castellana de los Trastámara. En aquellos tiempos el Reino de Aragón incluía, además de Cataluña, Baleares, Sicilia, Cerdeña y Córcega. Además de rey de Aragón, fue corregente de Castilla, a lo que no llegó a renunciar.

El papa Benedicto XIII —el papa Luna—, que era uno de los tres papas que había simultáneamente y que residía en Tortosa, le apoyó mucho y él al papa también. Después, con el Concilio de Constanza, se decidió que los tres papas debían renunciar y que debía elegirse a uno nuevo, uno solo. El infante estaba de acuerdo con ello; el papa Benedicto XIII no, por lo que el infante le dio la espalda. Este gesto fue muy elogiado internacionalmente por la cristiandad, no así por su amigo y apoyo de siempre, que se sintió totalmente traicionado. Entre las dos opciones no tenía más remedio que optar por una: escogió la más inteligente y dolorosa.

El obispo de Palencia, Sancho de Rojas, era su privado, valido o favorito, puesto no oficial, pero sí persona de total confianza del infante. Don Lope de Mendoza, arzobispo de Santiago, nació en Sevilla en 1363, escogiendo, como segundo de la familia, la carrera eclesiástica, graduándose en leyes. Primero fue obispo de Monte Ferro-Ferrol y después, arzobispo de Santiago desde 1400. Participó con el infante don Fernando, con quien mantenía una muy entrañable relación, en la toma de Antequera. Después de las Cortes de Madrid, en 1419, ya las cosas no le fueron tan bien. Tenía poder el infante y lo usó para engrandecer sus dominios y procurar darles lo mejor a sus hijos, basándose en todo tipo de presiones y favores.

En Aragón reinaba Martín I el Humano, que no tenía descendencia, y este rey lo tuvo claro: no quiso nombrar sucesor y meterse en líos y nombró un comité de personalidades prestigiosas —un total de nueve, elegidas por Martín I— para que reunidas decidieran quién sería el rey. A este comité se le llamó posteriormente el Compromiso de Caspe. Presentaron la candidatura hasta seis aspirantes; pero, en fin, las más fuertes eran las de Jaime, conde de Urgel, Luis de Anjou y la del infante don Fernando. Fue elegido el infante y el tema de la conquista de Antequera tuvo que ver mucho en ello, pues era un asunto que había tenido resonancia en medio mundo sin haber periódicos ni televisión. Martín I de Aragón falleció el 31 de mayo de 1410, en pleno asedio de Antequera. No se esperaba que fuese tan pronto. El infante don Fernando envió unos emisarios proclamando su candidatura al trono de Aragón apenas terminó la conquista de Antequera. No lo quiso hacer antes reseñando y apuntando este éxito. No lo comunicó hasta terminar la conquista de Antequera, avisando de que demoraría su candidatura por estar enfrascado en la pelea.

Fue el infante el abuelo de Fernando el Católico. En su trayectoria, la conquista de Antequera, como plaza fuerte fronteriza musulmana, sin duda le dio un empujón grande y un prestigio internacional en el ámbito occidental. A su fallecimiento, la guerra con el reino musulmán estuvo aparcada durante ochenta años aproximadamente, hasta los Reyes Católicos. El infante estaba nervioso; tenía que ganar Antequera, volver pronto a Valladolid y preparar una estrategia para alcanzar el trono, que era un objetivo rotundo y claro para él, a la vez que difícil. El infante posteriormente se buscó apoyos en Castilla, Aragón, Cataluña y Valencia. Movió todos sus resortes. El sultán nazarí solicitó tregua a Castilla cuando se consumó la pérdida de Antequera, la cual se concedió. La tregua venía muy bien a una y otra parte y Yusuf III era muy pacífico. No así el anterior emir, su hermano Mohamed VII.

El 28 de junio de 1412 don Fernando fue nombrado rey de Aragón por los integrantes del Compromiso de Caspe. Tuvo problemas el infante con el conde de Urgel, el cual se sublevó contra él por considerar que tenía muchos más derechos al trono. Posiblemente fuese así, pero dicho conde fue vencido por el infante —ya rey— y le terminó rindiendo pleitesía. Realmente, fue muy duro con el conde, al que iba a sentenciar a muerte. Solo los llantos y promesas de la esposa del conde y diversas presiones consiguieron que no lo hiciera, pero a punto estuvo. El conde de Urgel no fue nombrado rey porque cometió varios errores.

Cuando fue coronado el infante don Fernando como rey de Aragón, lo hizo de forma fastuosa. Hubo en su reinado ceremonias de alto prestigio, de mucho despliegue de medios. Esto creó escuela a partir de entonces y sirvió de mucho al *marketing* de la marca. Fue coronado en Zaragoza el 11 febrero de 1414 y durante sus cuatro años de reinado hizo grandes cosas por Aragón. Durante este tiempo reorganizó la hacienda pública, saneó la economía, mejoró la seguridad ciudadana, restableció el orden… En fin, era un buen líder y sabía rodearse de colaboradores eficaces. Murió el infante muy pronto, no cumplidos los cuatro años desde que fue nombrado rey de Aragón. Fue nombrado rey de Génova, Cerdeña, Sicilia y Nápoles por el papa Luna, Benedicto XIII. El rey y el papa competían en ostentación en sus entrevistas y también en los banquetes. A pesar del luto del papa por llevar el luto de la Iglesia, no faltaban objetos lujosos sobre ellos mismos y sobre las mesas de los banquetes, con fuentes de oro. El infante seguía a rajatabla las obligaciones de los cristianos como el ayuno en Cuaresma, aparte de misa diaria. Se consideraba un defensor incomparable de la fe cristiana y era muy creyente.

En Castilla todos estaban muy felices con el nombramiento del infante como rey de Aragón y ya su cuñada, la corregente, era una entrañable amiga. Su aureola no paraba de crecer. La ambición del infante era tremenda, aunque sufrió algunos varapalos. La muerte tan joven acabó con un porvenir en principio muy brillante y ambicioso. Al fallecer el infante, le sucedió como rey de Aragón su hijo, Alfonso I el Magnánimo. El infante don Fernando, en los pocos años que vivió, supo rodearse de buenos asesores y tenía un buen y alto sentido común. Él pensaba mucho en la unificación de España, cosa que consiguió su nieto, Fernando el Católico. La semilla estaba echada.

En su momento, el infante don Fernando, antes de la conquista de Antequera, puso su sede en Medina del Campo, donde creó un mercado de primer orden en Europa y fundó la Orden de Azucenas y del Grifo —el grifo es un animal mitológico, mitad águila mitad león— el 15 de agosto de 1413. La orden era solo un instrumento en las manos de su fundador, único que podía nombrar caballeros de la misma, un instrumento un tanto ostentador; de hecho, la orden se limitaba a poner algunas normas en la vestimenta de los caballeros que la integraban el día 15 de agosto de cada año. Entre estas normas figuraba el collar que se les entregaba a los caballeros, formado por miniaturas de jarras de azucenas y delante, en la parte inferior, el grifo, el animal mitológico. El punto más alto de la orden fue cuando reunió a sus caballeros para dar una cena al papa Benedicto XIII. La fundación de esta orden entra dentro de su esquema publicitario de engrandecer la Corona. Por supuesto, el infante iba a la guerra con su pendón de la orden.

Con paso firme, con mucho tacto ante su hermano Enrique III, don Fernando desarrolló una imagen de proyección exterior de Castilla y también de la Corona de Aragón. De carácter no presuntuoso, sino accesible y llano, se convirtió en el caballero más destacado de Castilla, paradigma militar de la baja Edad Media, el noble modélico, el número uno, la compilación de todas las virtudes. Los castellanos pasaron del recelo a la admiración debido a la conquista de Antequera. Los nobles castellanos, en vez de medrar en la Corte, estuvieron en la guerra con claros objetivos de conquista. El resto de la nobleza que no quiso ir a la guerra fruncía el ceño con su triunfo. Por los nazaríes era muy respetado por su gesta de haber conseguido el sitio más inexpugnable de su reino. Fue realmente el embrión por el cual, tras dos generaciones posteriores, se consiguió la unión total de España con los Reyes Católicos, el que puso las bases del futuro en aquella época.

EL MUNDO MUSULMÁN
EN ESPAÑA

Una mañana del año 713 pasó la antigua Antikaria de manos visigodas a árabes —el año 713 era para los musulmanes el 94 de la Hégira—, llamándose por ello en su inmediato futuro Madina Antakira. Tariq había atravesado el Estrecho en la noche del 27 de abril de 711 con unos 7.000 soldados, desembarcando en Gibraltar. Apenas tres meses después, entre el 19 y 26 de julio, se libraba la batalla del río Guadalete, junto a la laguna de la Janda, en Cádiz. Los musulmanes salieron vencedores de la contienda y se adentraron, aprovechando las vías romanas, derrumbando el reino visigodo.

La laguna de la Janda fue desecada en el siglo XX, en una época en la que las lagunas eran un problema debido al agua estancada y a los mosquitos, productores de enfermedades. Hoy día hubiese sido imposible. Las épocas han cambiado y lo que antes parecía una cosa buena se torna hoy en disparate. En la laguna se han hecho tremendas inversiones y es un punto de producción agrícola de primer orden, que dispone de una tecnología muy avanzada, ejemplar. En época de lluvias podía alcanzar los cincuenta kilómetros cuadrados, es decir, 5.000 hectáreas. Si fuese cuadrada, tendría unos siete kilómetros de lado aproximadamente.

En aquellos años del siglo VIII, Madina Antakira tenía el castillo muy embrionario y poco fortificado. Sus materiales fueron aprovechados para construir el nuevo, mucho más grande y fortificado. Se hablaba en latín y las condiciones de vida eran muy precarias. Realmente fue una entrega a los árabes, no una conquista. Los árabes que invadieron España no encontraron enemigos, salvo una única batalla, la del Guadalete. Lo demás fue realmente una ocupación sin resistencia y siendo muy bien recibidos, casi aclamados en muchos casos.

En la zona de Antequera, en los primeros siglos después de Jesucristo se encontraban las ciudades romanas de Singilia Barba (Cortijo los Castellones), Nescania (Valle de Abdalajís), Ancio e Iluro. Singilia Barba fue destruida por los visigodos en lucha con sus habitantes, así como las otras ciudades romanas.

Cuando los visigodos —que venían de Francia, de donde fueron expulsados—ocuparon la Península en 414 sí que encontraron resistencia de los hispanorromanos y, en los 297 años que transcurrieron hasta su caída, la de los tardorromanos. Aunque los visigodos habían conseguido la unidad territorial, religiosa, legislativa y civil, siendo su capital Toledo, su época en España no fue un período de desarrollo económico y cultural. Más bien fue una época de regresión, un periodo triste, de penurias. Por ello la invasión árabe fue bien acogida. «Peor no podemos estar», pensaban los habitantes peninsulares.

Con la invasión árabe, España se llenó de turbantes. Estuvieron casi ochocientos años. Respetaban a los habitantes peninsulares. Fue realmente una integración, donde se acabó de forma natural hablando árabe y donde convivían cristianos y judíos, si bien el que injuriase a Mahoma tenía pena de muerte. No obstante, había tolerancia religiosa, había permisividad, con reglas de juego que no se podían saltar.

Al frente del ejército musulmán iba el joven árabe Abdelazis-ben-Muza, con casi 18.000 soldados. Esto fue en 712; un año antes Muza había enviado a Tariq. Tenían los invasores gran valor y suave trato con los vencidos. Realmente, eran bien recibidos los árabes por los habitantes, pues no les iban bien las cosas con los visigodos. Los árabes hicieron una división territorial en coras, lo que hoy llamaríamos provincias. En Archidona implantaron la cabecera de una cora. Los invasores pronto se casaron con los habitantes del lugar y la población anterior se integró en el reino árabe.

Procedían de Arabia y la fusión de razas dio origen a una nueva. Los árabes venían huyendo después de ser derrotados por los sirios. La monarquía de los omeyas, elevada al trono por Mahoma, fue destronada por los abasidas. Uno de los pocos omeyas que se salvaron de lo sucedido en tierras sirias fue Abderramán, que se implantó en Córdoba y fue su primer califa. Realmente, fue depurado de Damasco y se le ofreció este puesto. Estaba refugiado cerca de Melilla y desembarcó en Almuñécar (Granada) el 13 de septiembre de 755 —año 13 para los musulmanes—, con 43 años.

En el califato, Archidona (Madina Raya) fue la cabecera de una cora o provincia. Sin duda, en aquellos tiempos sería más importante en población que Antequera (Madina Antakira), dentro de la relativa baja población de ambas. En España había veintinueve coras o provincias. Las andaluzas eran, aparte de Archidona, Niebla, Algeciras, Granada, Almería, Sevilla, Córdoba, Osuna, Jaén y una al norte de la provincia jienense.

Con los árabes vino el alcantarillado, un nuevo idioma, nuevos cultivos y costumbres y un nuevo estilo de vida. Por ejemplo, el patio en las casas y la vida alrededor del mismo. La huerta floreció con ellos y la educación en las escuelas o madrazas. Se procuraba que todos supiesen leer y escribir. Todo ello bajo el mandato de los califas.

La capital de España era Córdoba. El califato de los omeyas desapareció en 1031 y al-Ándalus —es decir, la península ibérica, salvo la cornisa norte— quedó dividido en multitud de reinos de taifas, reinos independientes. A finales del siglo XI desembarcaron los almorávides y almohades desde el norte de África, peticionados por los árabes. Su llegada, al calor de la demanda de auxilio de unos reinos de taifas desbordados por el avance de los ejércitos cristianos, supuso en la práctica una nueva invasión.

Finalmente, después de quince años de lucha, Antakira pasó a depender de Granada y Algeciras de Sevilla, el califato se disolvió y hubo en Andalucía hasta veintinueve reinos de taifas, con guerras entre ellos. La división del califato es el inicio de la decadencia de la permanencia de los árabes en España. El principio del fin de los mismos fue su división en reinos independientes. Las coras poco a poco se fueron reduciendo, fusionando y desapareciendo, ganadas por los cristianos.

En 1246, los nazaríes —granadinos— firmaron la paz con el rey Fernando III y lo tenían como aliado mediante el pago de parias anuales. Se constituyeron en vasallos. En 1492 estaba al frente Boabdil el Chico, que fue el último rey moro de Granada. Fueron unos tiempos en que los turcos avanzaban imparables, habían conquistado Constantinopla, poniéndole el nombre de Estambul, y dominaban gran parte del Mediterráneo. Durante esos años, los cristianos se temían que los reyes de Granada lograsen una alianza con los turcos y pudiese ocurrir una Asturias a la inversa, es decir, que de la única parte de España que no era musulmana —que era Asturias y la cordillera pirenaica— partió la conquista de España. Una hipótesis era que desde Granada, con ayuda de los turcos, conquistaran toda la península los musulmanes.

Muley Hassan, el padre de Boabdil —que dio nombre al pico de Sierra Nevada Mulhacén, donde se enterró—, se apoderó de nuevo de la plaza de Zahara de la Sierra. En represalia, los cristianos conquistaron Alhama y poco después fueron derrotados en Loja. Boabdil estaba mal aconsejado por su madre porque su padre, en definitiva, se había casado con una cristiana, hija del alcalde de Martos, que cambió de fe y adoptó el nombre de Zoraida. Muley Hassan estaba también de guerra con su hermano, el Zagal, y más tarde la guerra fue entre tío y sobrino. Este ambiente de guerra civil en el Reino de Granada, unido a otros graves problemas que tenía el reino nazarí, fue aprovechado por los Reyes Católicos y en 1492 se acabó el último reino musulmán en España ante la debilidad militar del mismo.

Boabdil pagó lo que su padre no pagaba de tributo a los castellanos a los que estaba sometido. Quería la paz ante todo, paz que no consiguió. La guerra entre cristianos y nazaríes duró diez años. Granada era una potencia. Los cristianos se apoderaron de Loja en 1486; en 1489 caían Almería, Baza y Guadix. El reino estaba cada vez más débil y se negoció mucho la rendición de Granada, que estaba ya consumida por el hambre y la desesperación a causa del asedio. Se hicieron unas capitulaciones firmadas por los cristianos, que no se respetaron ni por unos ni por otros. En 1492 fue la entrega de las llaves de Granada: entraron el arzobispo Hernando de Talavera y el conde de Tendilla, nuevo capitán general de la plaza conquistada, con su séquito.

Tras la humillación de la derrota, de ser el último rey moro de Europa y de entregar las llaves de la ciudad, Boabdil ya no volvió a Granada. En cierta medida, era la venganza de la caída de Constantinopla —hacía 39 años de ello— a manos de los turcos. A nivel de la cristiandad, la conquista de Granada fue muy celebrada en Occidente, con tañer de campanas y misas en toda Europa. Era la unificación de España.

Ante los problemas que tenía y a causa de los enfrentamientos religiosos, Felipe II prohibió todo lo musulmán. Quería que no quedara rastro. Se quemaron los libros en árabe y los que se han salvado es porque, en muchos casos, estaban emparedados; los nombres propios árabes se tradujeron al castellano, se castellanizaron; los baños árabes se demolieron para que no fuese un lugar donde los musulmanes, que eran los que los utilizaban, se reuniesen, y los que se han conservado lo han hecho casi de milagro; las mezquitas se reconvirtieron en iglesias en su mayoría o se derribaron; el idioma árabe se prohibió. En fin, se procuró por todos los medios anular de forma total la religión musulmana en todos sus aspectos y no dejar ningún vestigio. El enfrentamiento religioso era total. Esto se alejaba totalmente de las capitulaciones de la entrega de Granada. En estas cosas ya se sabe, los unos por los otros. La situación de convivencia era muy complicada en muchos casos, que hicieron imposible la convivencia de todos.

Antequera fue conquistada en 1410 y de la misma fueron expulsados todos los musulmanes, todos sus habitantes. No quedó ni uno. En otros sitios donde convivían la separación entre españoles y árabes se hizo cada vez más intensa. La expulsión de España de todos los moriscos fue llevada a cabo de forma escalonada, entre 1609 y 1613. Los primeros en salir fueron los de Valencia. El decreto se hizo público el 22 de septiembre de 1609. Los últimos expulsados fueron los del Reino de Murcia. Tras la promulgación de los decretos de expulsión, se celebró el 25 marzo de 1611 en Madrid una procesión de acción de gracias, a la que asistió su majestad Felipe III el Piadoso vestido de blanco. En total fueron expulsadas unas 500.000 personas. En el caso del Reino de Valencia, perdió un tercio de la población. Los moriscos se habían visto obligados a convertirse al cristianismo a la fuerza, pero seguían siendo un grupo social aparte, practicaban su religión en secreto en numerosos casos y se les consideraba unos aliados de los turcos y de los franceses. Los turcos suponían la mayor amenaza. Se había entrado en una etapa en la que a los moriscos se les consideraba enemigos públicos, se les señalaba con el dedo. Estaban sentenciados; era cuestión de tiempo. Había algunos totalmente convertidos al cristianismo, pero por su ascendencia musulmana fueron todos expulsados.

Estas expulsiones causaron una época de recesión económica muy importante. A partir de 1604 se hizo patente la crisis con la reducción de llegada de recursos de América, que se sumó a los efectos de la peste, que entre 1598 y 1602 había causado 500.000 fallecidos. Con la expulsión de los moriscos se creó una crisis desesperante: se vivía peor y se reforzó en esta situación el resentimiento contra los moriscos, que eran moros convertidos al cristianismo al estar prohibida la religión de Mahoma. Por Europa se pensaba que la cristiandad en España era discutible por la presencia de los moriscos, los cuales eran muy prolíficos en el aumento de la población. Con esta decisión se acabó el periodo homogeneizador que se había empezado con la expulsión de los judíos.

Felipe III, casado con Margarita de Austria, dijo que profesaba un «odio santo» hacia los moriscos. En cuanto a los bienes de los moriscos, que obviamente no pudieron llevarse, hubo de todo: los que se portaron bien y los que robaron los mismos, pero en general no hubo piedad con ellos. Había moriscos en toda España, muchos de ellos granadinos que habían sido previamente deportados de Granada y vivían en otros puntos de la geografía. La expulsión supuso una merma en la recaudación de impuestos. Muchas de las tierras de los moriscos pasaron a la nobleza, lo que convirtió a algunos moriscos en bandoleros y a otros en aliados de la piratería berberisca, asaltando nuestras costas. Tuvieron que irse sin nada, a empezar de nuevo en países para ellos desconocidos. Los motivos de fomentar la expulsión en alguna medida estaban también inspirados en cuestiones económicas, para acaparar sus bienes. Con la expulsión la situación económica se agravó de forma bastante sensible.

Ya antes, en tiempos de los Reyes Católicos, fue constituida la Santa Inquisición para los no creyentes. En definitiva, era una época de intolerancia religiosa. Los moros, que así se llama a los musulmanes de la España de al-Ándalus, tenían una cultura específica al ser un crisol de razas, pues en ellos se habían fundido árabes de Irán e Irak, norteafricanos, tardorromanos, visigodos, almohades y gentes de otras procedencias de África del norte, además de las razas existentes en España, dando lugar a una raza diferente, la de al-Ándalus, bastante desarrollada. Con la expulsión de los moriscos se terminó de liquidar la misma.

En mis andares por el mundo y en relaciones con musulmanes me ha parecido observar que la palabra «moro», por lo general, se entiende como una palabra despectiva hacia los musulmanes, mal acogida por ellos, peyorativa e incluso repelente. Es lo que me ha parecido apreciar en conversaciones con marroquíes, argelinos y tunecinos. Quizá porque fue una civilización expulsada de España, que ya no existe, hay algunos musulmanes a los que les es lo mismo este apelativo, pero a muchos he notado que no les gusta nada. Yo procuro evitarlo por lo que he vivido, por respeto, por el gesto de malestar y disposición de diversos escuchantes musulmanes. La palabra moro hoy, en todo caso, sería para los habitantes de Mauritania, donde más se acerca el nombre, pero lo lógico es llamarles mauritanos, que es más correcto, en vez de meter en un saco a todos los que tienen la religión musulmana con este apelativo.

Para unos los árabes son los ricos, los del petróleo, y los moros son los pobres. Creo que es más correcto hablar de marroquíes, argelinos, tunecinos, mauritanos, etc., y no entrar en generalizaciones. Y, en general, llamar musulmanes a los que practican esta religión. Cuando se habla con personas de otro país o de otra cultura, hay que tener cuidado con el lenguaje. Palabras aquí normales pueden tener en otros países otro significado.

Hay un apellido que suena fatal en el mundo árabe y que el que lo escucha, si es musulmán, pone cara de horror: Matamoros. Supongo que para ellos es algo así como si para nosotros hubiese un apellido musulmán que se tradujese como «matacristianos». El Valle de los Caídos está en Cuelgamuros. Este fue el nuevo nombre; el anterior era Cuelgamoros, según oí un día.

Por otro lado, el horrendo terrorismo islámico, bestial e inhumano, ha conseguido claramente crear una separación mental más importante entre el mundo occidental y, si la había antes por temas religiosos, acrecentarla de forma descomunal. Tema absolutamente negativo, cuando solo una facción pequeña del mundo musulmán es la causante de tal desaguisado y la inmensa mayoría es tolerante. Las acciones de pocos, o de una parte, generalizan la totalidad. Nos toca, por el bien de la humanidad, la tolerancia y la convivencia dentro de las normas de cada país.

En la bibliografía leída, en general, en los textos del siglo XV y posteriores a los moros también se les denomina «bárbaros», lo cual separa, no une. Otro nombre que se les da es el de infieles. Las generalidades despectivas son indeseables. Es como cuando se dice que los andaluces son vagos. Hay que huir de ellas; no son nada justas, sino lo contrario.

A todo esto, hay una separación ancestral, al menos en España, entre moros y cristianos, que se va heredando de generación en generación en el modo de pensar. Y los acontecimientos no han ido precisamente en el terreno de la tolerancia, con una Santa Inquisición que ha perdurado durante siglos. No está mal que se siga con las tradiciones folclóricas, pero otra cosa es el trato humano actual. A nosotros tampoco debe molestarnos que puedan hacer los musulmanes fiestas folclóricas anticristianas en sus países si no son ofensivas.

Es verdad que los musulmanes que se incorporen al mundo occidental, aunque sigan profesando su religión, deben aclimatarse a las costumbres occidentales, a su vestimenta e integrarse en el mismo a todos los efectos. Y la religión musulmana, bajo mi punto de vista, debe ir actualizando sus principios a los tiempos que vivimos, cosa que pienso que se está haciendo demasiado lentamente, y que no sea delito de quitar la vida blasfemar contra Mahoma. La muerte como castigo hay que erradicarla en todos sus ámbitos y que las leyes del Estado estén por encima de la religión como normativa de convivencia. En definitiva, unas más y otras menos, las religiones deben actualizarse a los requerimientos de la sociedad moderna. No tienen otro camino. En la religión cristiana ha habido bastantes cambios de actualización desde los años de la Inquisición, por ejemplo, aunque queda, sin duda, mucho por hacer. En la musulmana los cambios parecen mucho más lentos.

No sé, confío en que las religiones no deben separar y deben coexistir en una misma sociedad. Evidentemente, respetando los principios dictaminados por dicha sociedad. Es necesario aclimatase todos a la misma con sus preceptos y a las normas de la sociedad. Para mí hoy hablar de separatismo, cuando vamos a un mundo cada vez más integrado, me parece sencillamente más propio de mentes un tanto antiguas y desfasadas, o bien que persiguen otros objetivos, de ambiciones personales las más de las veces, o de personas para nada solidarias. La historia y las costumbres pesan mucho, pero se tiende a un mundo cada vez más racional. Sin embargo, en este recorrido hacia la racionalidad nos asombra ver tantas irracionalidades.

La integración de razas y culturas será el objetivo natural. Lógicamente, aclimatándose todos a las normas de la sociedad en la que convivan, sin rasgos diferenciales en vestimenta, con independencia de que cada uno profese la religión que desee, la cual debe ser en todo caso una asignatura más en los estudios, pero no una actitud existencial.

El mundo de los negocios es diferente. Aquí no afectan las creencias. Un negocio ha de ser interesante para ambas partes y cuando ello ocurre se hace, siempre que los Estados lo permitan, e impera la propia actividad económica, sin más; para nada la religión. Por otro lado, la revolución tecnológica impresionante en pocos años en el mundo de las comunicaciones, de internet, de la robotización industrial y el desarrollo de los transportes de personas y mercancías —de la que creo que nadie discute que no puede quedarse un país al margen— de alguna forma nos va igualando en mentalidades. Todos, en definitiva, queremos vivir con asistencia médica de calidad, enseñanza, jubilación, con tranquilidad y con una enseñanza positiva y creativa, no adoctrinados en principios que tiendan al separatismo de cualquier tipo: de religión, sexo, región, etc. Los negocios y las empresas rompen fronteras y nos igualan.

Las guerras entre religiones pienso que, en alta medida, han enmascarado intereses mundanos de otro tipo, que han puesto injustamente a la religión como justificación o pantalla. El tema de segregaciones y separaciones no es cosa de hoy, sino que viene de antiguo y en gran medida el desarrollo de la inteligencia y de la sociedad todavía no ha llegado al estado de madurez para resolverlo. El mundo del WhatsApp, tan de moda ahora, con la infinidad de vídeos y fotos que se remiten, muchos falsos y otros tendenciosos, sirve para unir por comunicación, pero también para separar en creencias. Tenemos que separarnos de esta tendencia e ir a análisis más profundos.

EL ENTORNO CASTELLANO EN LA ÉPOCA DE LA CONQUISTA

Muerto Fernando III el Santo y ocupando la corona Alfonso X el Sabio en 1254, fue requerido por dicho rey el príncipe granadino, Alhamar el Magnífico, solicitando ayuda de Granada en virtud de pactos anteriores al objeto de aplacar la sublevación de los almohades aún residentes en Jerez, Medina Sidonia, Lebrija y Arcos y en la fortaleza de Niebla, territorios ya castellanos. Los nazaríes prestaron dicha ayuda y se alinearon en el mismo ejército cristianos y árabes. Había buena sintonía. No obstante, Alhamar el Magnífico cuidaba bien de que la frontera comentada, donde Antequera estaba, estuviese bien guardada, pues sabía que los tiempos cambian e interiormente entre cristianos y musulmanes siempre había recelo. Lo que hoy es blanco es bastante probable que mañana sea negro.

Hubo paz durante muchos años, en los siguientes reinados, hasta que Alfonso XI en 1339, deseoso de extender sus dominios, atacó Ronda, Antequera y Archidona en un recorrido de devastación, sin poder conquistarlas. Posteriormente, Alfonso XI asedió Gibraltar. Durante el cerco entró la peste. Se firmó la paz y el reino nazarí, como consecuencia del pacto, entró como «vasallo» mediante el pago anual a los castellanos de un canon y la entrega de los cautivos cristianos que tenía.

Más adelante, destronado en Granada Mohamed V, se refugió en Ronda y recurrió a Pedro I el Cruel para pedirle ayuda. Ambos monarcas le pusieron cerco a Antequera, pero se retiraron sin batallar. Vieron que en Antequera el asedio era costoso e imposible para ellos, por lo que desistieron e hicieron algunas devastaciones alternativas en la Vega. Todo caminaba más o menos en paz, salvo estos escarceos o guerras menores, hasta que, en época de Enrique III el Doliente, el emir Yusuf III atacó algunas localidades. En 1407 se decidió atacar al reino nazarí de nuevo como consecuencia de las acciones bélicas nazaríes. En esos momentos hacía cincuenta años que no había campañas contra ellos.

Enrique III, tras el acuerdo de no agresión con Portugal e Inglaterra, retomó la empresa de la guerra con el Reino de Granada. Los nazaríes habían atacado primero, con el emir Yusuf III, a los dominios de Enrique III, hermano del infante don Fernando. Ambos hicieron alguna campaña juntos. Posteriormente, en las Cortes de Toledo de 1406, a las que no pudo asistir el rey por encontrarse enfermo, el infante don Fernando sustituyó a su hermano y de forma enardecida peticionó y consiguió fondos para guerrear con el musulmán.

Antequera, Ronda, Álora, Coín, Cártama y Baza configuraban la línea fronteriza o defensiva nazarí en aquellos tiempos. La población era muy heterogénea: muladíes, que eran los cristianos convertidos al islam, que se habían hecho mahometanos; mozárabes, que eran los cristianos dentro de la población musulmana, que hablaban el árabe y eran de origen hispanovisigodo; y moriscos que se habían hecho católicos, muchos por conveniencia. Se vestían como cristianos y ellas no tapaban su cara.

La repoblación de la Andalucía bética —es decir, Sevilla, Cádiz, Córdoba y Huelva— por parte de los castellanos fue mediante la entrega de esta a la nobleza, la cual había dado su apoyo para conquistarla. De ahí viene la estructura de la tierra en Andalucía, que seguro que se ha transformado en ventaja en los tiempos actuales, en los que la pequeña explotación no da la rentabilidad para vivir una familia debido a la mecanización y automatización.

Tenía Andalucía occidental un carácter de origen militar, cada noble con latifundios dedicados a cereales y ganadería y con su guardia. Fue la forma de pagar la Corona a los nobles por su colaboración en la recuperación de los terrenos conquistados y por sustentarla económicamente, porque no había una infraestructura administrativa por parte del Estado suficientemente madura. La nobleza, en definitiva, recaudaba y pagaba los impuestos. Venían a ser reinos de taifas igualmente, pero no independientes, sino subordinados a la Corona. He aquí la gran diferencia con los musulmanes de al-Ándalus, pues había unión entre ellos mediante el sometimiento a la Corona. Los reinos de taifas musulmanes eran totalmente independientes y de ahí su debilidad.

En Murcia la repoblación no fue como en Andalucía occidental. Una serie de circunstancias y acontecimientos hizo que fuese muy distinta, pero esa es otra historia. En casi 250 años hasta la conquista de Granada, aunque hubo algún que otro escarceo entre musulmanes y castellanos, lo más destacado fue la anexión al Reino de Castilla de Alcaudete, Alcalá la Real y, sobre todo, Antequera. Es un espacio de tiempo muy amplio, amplísimo.

Cuando fue conquistada Antequera, el reparto de los terrenos entre la nobleza —que había ayudado al infante don Fernando a su conquista, apoyando con tropas y económicamente— era desde luego un asunto totalmente previsto. Como consecuencia de la conquista, si la conseguían, los nobles iban a tener beneficios grandes en los repartimientos de terrenos ganados a los nazaríes y si no obtenían la victoria era un dinero perdido. En cierta forma era una inversión, una ayuda o colaboración totalmente interesada —como ocurre en casi todo en la vida—, donde además se aunaban otras circunstancias, tales como el espíritu de aventura y también la defensa del cristianismo, muy asentada en aquellos años, en los que había poca tecnología y, por consiguiente, mucha fe. Cuando se conquistó Antequera, la frontera quedó muy cerca, concretamente en la Peña de los Enamorados, siendo Archidona una ciudad fronteriza árabe. Antequera seguía siendo ciudad fronteriza, aunque antes era árabe y ahora, cristiana.

La nobleza con tierras en Antequera y las órdenes religiosas no tenían residencia instalada en la ciudad, pues había un problema de espacio en el recinto fortificado antequerano, que ocupaba el mismo sitio que habían ocupado los árabes. Pero cuando en

1492 se conquistó Granada ya dejó de ser frontera Antequera. El peligro había pasado y nacía la nueva Antequera, a los pies del castillo. No tenía que estar en alto para defenderse, pues no había enemigos; había tierras fértiles y, además, las fortificaciones perdieron su razón de ser con el desarrollo impresionante de la artillería y se creó la Antequera urbana, en el llano, con casas señoriales de primer nivel, donde se instalaron los poseedores de grandes superficies para explotarlas más intensamente aprovechando que ya no se veían atacados por el enemigo.

Había terminado el peligro con el Reino de Granada y las capitulaciones. En Granada siguieron viviendo muchos musulmanes y en principio se respetaron sus costumbres. Esto hizo que por su situación estratégica en Andalucía, por la ausencia de musulmanes y por su riqueza agrícola se fueran instalando en Antequera en los siguientes años muchas órdenes religiosas. Debido a herencias y a la financiación de la nobleza, fueron poseedoras también de rentas de tierras y bienes. Por supuesto, fue Antequera un punto donde se instalaron diversas casas nobiliarias y terratenientes. De esta manera, la ciudad creció y creció, en buena medida por su situación geográfica, siendo cruce de caminos entre las capitales andaluzas de Sevilla, Córdoba, Granada y Málaga, el centro de gravedad de las cuatro en sus comunicaciones.

Una serie de rasgos eran característicos de aquellos tiempos. Muchos de ellos perduran en nuestros días; otros, los más, han pasado al olvido. En cuanto a las costumbres castellanas, hay que reseñar que para las comidas no había tenedores, que surgieron después. Se comía con las manos y como consecuencia de ello, aunque era necesario lavarse las manos y la cara previamente, aparecían enfermedades, por lo que más tarde se hizo necesario no utilizar las manos para comer en la zona cristiana, tema que no ha cambiado en los musulmanes de forma mayoritaria. No se usaban las servilletas, no se sabía qué eran y los comensales se limpiaban la boca con el mantel. Respecto a las cucharas —que eran de madera o bien hechas de cuerno como materia básica—, no utilizaba cada uno la suya, sino que básicamente eran comunitarias y con la misma cuchara comían varios. Y como cuchillo, generalmente, cada uno usaba el puñal o la navaja que siempre llevaba sobre sí. El vaso igualmente era comunitario y del mismo bebían varios. Se compartían, pues, cuchara y vaso.

La alimentación se basaba mucho en la carne entre los castellanos. Ellos no lo sabían, pero el exceso de grasas en la misma causa diferentes enfermedades. Los triglicéridos, el colesterol, la gota, los infartos, la falta de medicina hacían que la esperanza media de vida no fuese de más de 45 años. Hoy se ha duplicado y con los avances tecnológicos se estima que en pocos años aumentará al menos hasta los 88 años. En el reino nazarí no eran tanto de carne como los castellanos, sino en buena proporción de verduras. Eran más longevos los musulmanes de al-Ándalus; tardaban más en morirse. Al-Ándalus es el nombre que le dieron los musulmanes a la península ibérica. Algunos autores restringen el término al territorio peninsular bajo poder musulmán.

Se cuidaba mucho la dentadura y se hacían pastas, en muchos casos a partir de romero chamuscado. La razón era obvia:

vamos a decir que el tema de dentistas era embrionario y los dolores de muelas no tenían calmantes.

Para confeccionar el pan, cuando no había trigo se usaba centeno, pero si el mismo iba contaminado con hongo, los que comían pan de este tipo sufrían alucinaciones como si estuviesen drogados. Se procuraba por ello evitar el centeno todo lo posible, salvo en hambrunas. En el mundo cristiano la carne más consumida era la de cerdo. El cerdo, como todos sabemos, no lo comen los musulmanes por motivos religiosos. Tampoco lo toman los judíos.

Los cultivos castellanos eran básicamente cereales, vid y, en los alrededores de las poblaciones, cultivos hortícolas que se vendían en el mercado y cultivos industriales para textiles: el cáñamo, el lino y mucho esparto. La vid se cultivaba en emparrado siempre y como abono se usaban las cenizas. La práctica de injertos era habitual y las uvas, mediante una poda especial, las dedicaban a pasas como manera de tener alimentos fuera de las épocas de cosecha agrícola. La leche no se tomaba; se le tenía miedo por su difícil conservación y por ser causa de enfermedades. La clase alta comía bastante carne y de caza, mientras que los más pobres solo consumían cerdo y algo de pollo de vez en cuando. La caza estaba prohibida para el pueblo y solo podía practicarla la nobleza. La falta de vitamina C era habitual y tenía como consecuencia la enfermedad del escorbuto.

En cuanto a las fiestas, había muchas. Más de un tercio de los días del año eran festivos, sin trabajo. Las fiestas podían ser —lo mismo que ahora— públicas o privadas. Dentro de las privadas las bodas tenían mucha importancia y cierto derroche en cuanto a duración, consumo, regalos, etc. Esto hacía que en las ordenanzas municipales fuese habitual fijar unos límites máximos para no saltarse los mismos, que competían a todos, excepto a las bodas reales. Casarse, cuando no había ni se conocía el divorcio, era un acto muy importante en la formación de las familias. Ahora, poco a poco, los matrimonios van bajando mucho.

La Iglesia intervenía bastante en los temas de planificación de festejos. En las fiestas públicas eran habituales los encierros, donde participaba todo el pueblo. En las corridas de toros el torero iba siempre a caballo. Por lo general, los toreros eran personas de la clase alta de la sociedad local. También se celebraban torneos y justas y, por supuesto, las procesiones. El carnaval o carnestolendas era una forma reglada por la administración de transgresión ciudadana, como válvula de escape de la población antes de iniciarse la Cuaresma, que se llevaba a cabo con muchas restricciones en todos los ámbitos.

Eran habituales y muy estimados los juglares para recitar o cantar poemas por las calles para el pueblo. El mismo papel, pero de más calidad y destinado a la burguesía, desempeñaba el trovador. Existían el juego de dados y el de naipes y, por supuesto, unos establecimientos típicos eran las tabernas, establecimientos que los árabes no tenían. En esto los castellanos llevaban notoria ventaja. El juego de naipes desbarataba fortunas y causaba muertes.

El agua no se utilizaba para beber por considerarla como fuente de enfermedades. Se bebía muy poca agua, se procuraba no hacerlo, y se tomaba cerveza y vino. El vino se consumía solo o condimentado con pimienta y clavo, pero lo habitual era con miel. Se consideraba al vino y la cerveza como alimentos. El vino concentrado era el arrope y también se ingería mucho mosto.

Una profesión de éxito era la de los adivinadores, algunos muy cotizados. Había muchas muertes por enfermedades al haber una medicina más que incipiente. Los árabes estaban algo más avanzados en temas médicos. Las heridas se desinfectaban con vinagre.

Después de la misa dominical lo normal era beber vino, jugar a los naipes y jugar a los dados, pero en diversión eran los juglares el centro de atención, siendo la poesía amorosa el divertimento. Las especias y los condimentos solo eran consumidos por la nobleza debido a su precio elevadísimo.

CÓMO ERA ANTEQUERA EN LA ÉPOCA MUSULMANA

La Antequera musulmana era un fortín, una plaza fuerte. A efectos de dibujo sobre el mapa, diremos que era más o menos un cuadrángulo irregular. Las murallas se adaptaban a la orografía y los lados del cuadrilátero eran de diferente longitud. Uno de los lados era perpendicular a la calle Infante don Fernando, calle principal, que es conocida con el nombre de calle Estepa por ser el camino a esta localidad. Es habitual en las poblaciones poner a las calles de salida el nombre de las poblaciones cercanas a donde la carretera que continúa la calle se dirige. Así, tenemos calle Lucena y Cuesta Archidona, por ejemplo.

Inicialmente había una población romana, antecedente de la musulmana, y posteriormente visigoda. Hay vestigios romanos claros y nítidos, como son los baños y también un lugar de enterramiento. Es también claro que los visigodos construyeron una ermita o iglesia, de la que quedan sus cimientos en el interior del castillo. También queda algún que otro recuerdo de su paso.

Los musulmanes construyeron la alcazaba o recinto militar y la *madina* o ciudad, colindante una con otra, con un muro en común. Al ser Antequera una ciudad fronteriza de importante relevancia, se fue continuamente reforzando para hacerse lo más segura posible mediante mejoras más o menos intensas. Como se ha venido haciendo históricamente hasta no hace demasiados años, las nuevas construcciones utilizaban los materiales de las antiguas. Desde el punto de vista económico es un asunto claro; desde el punto de vista cultural e histórico, una verdadera aberración, aunque este punto de vista es ya más moderno.

De esta forma, el interior de las murallas suponía algo más de 105.000 metros —es decir, 10,5 hectáreas— entre alcázar y *madina*, entre el fuerte y la ciudad, los dos cinturones. Las referencias muestran que, debido al crecimiento y a su escasa superficie, la población estaba bastante concentrada, muy apiñada.

Aparte de esta superficie, había una gran zona extramuros. Se trataba de una zona de servicios, donde además se situaba el ganado y que estaba al pie de la muralla, en el espacio que había entre la misma y el terraplén vertical situado detrás de las casas de la calle del Río. Esta zona tenía una semiprotección o una protección no tan importante como la amurallada.

La ciudad árabe creció debido a que el avance de los cristianos obligaba a replegarse a los musulmanes y Antequera era un sitio donde rehacerse e iniciar nueva vida, pues era una ciudad bien protegida, que además contaba con agua y una fértil vega. Lo malo es que era una plaza fronteriza, primero para los musulmanes y después para los castellanos. Por tanto, era una zona de riesgo o conflictiva. Fue frontera árabe hasta 1410 y desde muchos años atrás y frontera cristiana desde 1410 hasta 1492. La parte de delante, que se ve desde calle Estepa, es la alcazaba y la situada detrás, en la falda del monte hasta el río, es la ciudadela, la Medina Antakira árabe.

El nacimiento del río de la Villa está muy cercano, a dos kilómetros aproximadamente, y el agua realmente es agua mineral de la sierra del Torcal. Nace a los pies de dicha sierra y es de una gran calidad. Disponer de agua era esencial dentro del recinto amurallado. El sitio, pues, para situar una alcazaba no era fácil. Aparte del agua ya comentada, se necesitaba que fuese una peña para construir sobre la misma los inmensos muros —hay muros con 2,5 metros de espesor— y que los accesos a dichas murallas fuesen muy abruptos para impedir o disminuir el riesgo de asalto. Sin embargo, también era necesario que no fuese demasiado alto el monte, pues había que entrar y salir del castillo. Para que el mismo perviva no puede estar aislado, obviamente. Además de todo ello, se necesitaba que hubiese una zona agrícola muy cercana para el abastecimiento de productos alimenticios para la población. Estos requisitos básicos los reúne Antequera; de ahí su nombre, Antikaria, y que se hayan asentado poblaciones desde lo más remoto de los tiempos en su área.

Se puede pensar que cuando llegaron los árabes a Antequera su población debía de ser un tanto escasa, del orden de quinientas o seiscientas personas. Estamos hablando del siglo VIII. Los musulmanes en España eran distintos a los de otros países. La religión era la misma, pero era un crisol donde se había integrado el mundo de diferentes procedencias: hispanorromana, judía y visigoda. El índice de natalidad de la población musulmana siempre ha sido alto, quizá porque pueden tener varias mujeres si su economía lo permite.

Los musulmanes procedentes de Arabia eran la clase por lo general más alta y refinada; los bereberes, también musulmanes más recientes, eran del norte de África, bastante menos cultos, pero mejores guerreros; los hispanorromanos convertidos al islam son los muladíes y los habitantes anteriores a los musulmanes que seguían profesando el cristianismo eran los mozárabes. En cuanto a religión, los musulmanes eran permisivos con las confesiones cristiana y judía, pues venían del mismo «libro».

El idioma castellano es una fusión de palabras. Sin duda, el mayor número de estas es de procedencia latina, que es la lengua madre y que se hablaba en época de los visigodos, pero la segunda fuente de palabras del español es la árabe. Es tremenda la cantidad de palabras del español que son de origen árabe. Tenemos, por ejemplo, acequia, alcachofa, algodón, azúcar, noria, albaricoque, aceite, alférez, tambor, arroba, arancel, aduana, albóndiga, almíbar, adoquín, azotea, alcoba, azulejo, alhaja, alicates, etc.

El zoco es la zona comercial del mundo musulmán. Por lo general, los comercios no estaban insertos en las mismas viviendas, sino en una zona comercial próxima a la mezquita, que es el lugar más visitado. Las tiendas eran muy pequeñas y casi todas con taller para estar trabajando cuando no había clientes. Aparte, también se establecían tenderetes y ventas ambulantes en los alrededores de la mezquita, junto a sus muros, porque así se estaba cerca del centro comercial y de la mezquita, donde era, por consiguiente, más fácil captar clientes al haber mayor concurrencia. Había en las tiendas expertos artesanos y comerciantes, fundamentalmente en seda, metales como utensilios de cobre, cerámica, esparto y productos de la agricultura.

La mezquita servía de escuela; se enseñaba a leer y a escribir a niños y niñas, así como matemáticas y, por supuesto, el Corán. Los más pudientes recibían en sus casas la enseñanza, es decir, con clases particulares.

Los árabes introdujeron en España numerosos cultivos. Por ejemplo, las alcachofas, la berenjena o el arroz, entre otros. En los alrededores de la población desarrollaban la agricultura. Como las poblaciones las situaban en sitios con agua, instalaban riegos para mayores producciones, construyendo aljibes, norias y acequias, muchas de las cuales perduran hasta la fecha con sistemas de riego a pie que han subsistido durante siglos. Esto les permitía tener verduras todo el año.

Las construcciones las hacían no con mármol, sino con materiales baratos; por tanto, eran poco duraderas. Empleaban fundamentalmente el yeso y el ladrillo. En las paredes ponían mucha decoración como forma de aparentar riqueza. Me refiero a yeserías fundamentalmente, reforzadas internamente con esparto. En el interior de los edificios había muchas columnas con arcos de media circunferencia o de herradura y otros de forma apuntada. El patio era el sitio fundamental de la vida de los musulmanes. En casa disponían de agua, fuentes y estanques —eran modélicos en este aspecto—, así como de un aseo con su alcantarillado.

Entre las profesiones había médicos —recibían este nombre los que estaba contrastado que habían hecho curaciones—, escritores y poetas —los poetas eran bien considerados y estimados—, matemáticos y filósofos fundamentalmente. Otras profesiones eran los sastres y talleres de costura, alfareros, plateros y, por supuesto, barberos, que eran de alguna forma también cirujanos. Los más pobres eran los pastores. En dulces, los de almendra eran típicos.

La familia era patriarcal y poligámica, con diferencias amplias entre sexos. En el modelo ideal de familia el varón tenía cuatro esposas como máximo, pero ello iba en función del poder económico. Podemos decir que los de menor poder adquisitivo tenían solo una. Si el poder era muy fuerte tenían esclavas aparte de las esposas, en algunos casos concubinas —esclavas cristianas convertidas al islamismo—. Al poder tener un varón varias esposas se puede decir que, en general, era muy raro que hubiese solteras. Eso no se comprendía mucho en la cultura árabe. La mujer árabe, por lo general, es guapa y no pocos cristianos viejos se casaban con ellas. Las esclavas eran bien tratadas, mucho mejor que lo hacían desde los romanos. Se consideraban casi de la familia. No se permitía a los hombres el afeminamiento. Las féminas tenían entre ellas, en la misma casa, mucha solidaridad, mucho apoyo entre unas y otras. Podemos decir que formaban como una cooperativa y así cuidaban los hijos —no solamente de los suyos, sino de los de las demás esposas y sirvientas— y se repartían los trabajos. Trabajaban, pues, formando un equipo. Las casas eran de solo planta baja o con una primera planta encima. El patio central era el centro de la vida familiar, fuera del alcance de miradas indiscretas.

La mujer cuidaba mucho su aspecto. Una vez a la semana iba a los baños públicos, que eran una copia adaptada de las termas romanas y, en el caso de Antequera, los mismos baños romanos. Las mujeres tenían reservadas las tardes. En los baños las mujeres utilizaban ungüentos, cuidaban el cabello, por lo general largo y negro, utilizaban buen perfume, ropas con colores vivos y llevaban la cabeza cubierta. En la cara a veces llevaban un velo, pero en la mayoría de las ocasiones no portaban nada, iban descubiertas. Los baños públicos tienen el nombre de *hammam*. Algunas casas de ricos podían tener sus baños privados.

Las mujeres utilizaban joyas, brazaletes, diademas; los hombres llevaban turbante, que era una tela larga y estrecha, y túnicas. Para los niños compraban juguetes, generalmente de madera o de barro cocido. Comían al atardecer, generalmente potaje de verduras. No usaban tenedor ni cuchillo. Para la sopa, cucharas de madera. La base de la comida era carne, verduras y vino.

Rezaban cinco veces al día; no hacerlo era falta grave. Para entrar en la mezquita había que asearse y dejar los zapatos en la puerta. Las mezquitas tienen una torre y, desde arriba, uno con buena voz llama a la oración. En los cristianos el campanario es lo que se utiliza en las iglesias. La campana del castillo se puso ya en época cristiana para regular actividades. Se consideraba esencial.

Donde había agua era habitual que se abriesen pozos y muchas casas contaban con uno. Las cocinas eran pequeñas, con el hornillo de barro cocido, y se utilizaba el carbón vegetal, que se compraba en las carbonerías. En las despensas la carne se conservaba en grasa, dentro de recipientes de barro llamados orzas. Desde luego, no de cerdo, como es bien conocido. De noche la iluminación se conseguía con candiles de aceite o bien velas. Había que tener mucho cuidado con los incendios. La madera se utilizaba mucho para la construcción; por ejemplo, en vigas de techos.

Realmente, procuraban vivir bien y sin problemas. Eran buenos jugadores de ajedrez, juego que trajeron a España, y hacían festejos populares diversos como el circo o la danza. En fin, su manera de enfocar el mundo era vivir de la forma más organizada y placentera posible.

En Antequera, las fiestas populares generalmente eran extramuros, en el tercer anillo, debido a falta de espacio. Algunas de esas fiestas eran competiciones de caballos y juegos con estos, con el famoso caballo árabe.

Los musulmanes eran buenos artesanos y, por lo general, muy templados y comedidos en el comer y en el vestir, sin excesos. Había muchos que eran arrendatarios de terrenos y, por lo general, eran buenos agricultores. El alcaide o los alcaides árabes tenían la responsabilidad militar de defender la plaza y ser jefes de la tropa fronteriza. El alcaide de Antakira era el valeroso Al-Karmen, buen estratega y muy apreciado por la población y por la central de Granada. Los impuestos se cobraban con los artículos que entraban al recinto. Era la aduana para el mantenimiento de ejército, mejoras, etc.

Cuando se conquistó Antequera por los cristianos, no se produjo una fusión de culturas, musulmana y cristiana, ya que todos los musulmanes, hasta el último, fueron obligados a irse de la ciudad y dejar sus tierras, aunque ya algunos se habían ido durante el asedio. El resto, al ser tomada Antequera, fueron a Archidona y, como en esta no había espacio y era ciudad fronteriza, fueron a Granada, donde construyeron un barrio para ellos, que se llamó y se llama la Antequeruela. Pudieron llevarse solo lo esencial; el resto lo malvendieron a los cristianos a cambio de casi nada o lo dejaron abandonado. No tenían más opciones. Muchos años más tarde, los moriscos que quedaban fueron expulsados en su totalidad de España. Su idioma y sus vestimentas fueron prohibidos; los baños, salvo alguna excepción, demolidos; los libros, quemados. Se trataba de no dejar rastro de la cultura musulmana. Así que Antequera y sus tierras, de la noche a la mañana, pasaron de ser musulmanas a cristianas. Fue una mudanza en la que se fueron los primeros y se instalaron los segundos.

El ejército se disolvió después de la conquista, salvo un retén que quedó en Antequera y otro que acompañó al infante a su vuelta a Valladolid, pasando por su entrada triunfal en Sevilla. Seguía con los fieles de siempre, si bien el ejército contratado —vamos a llamarlo de temporada— se despidió.

Empezó la repoblación con habitantes cristianos; para ello la Corona apoyó con exenciones fiscales y prebendas para fomentar la repoblación. Era un lugar peligroso al ser fronterizo y se corría el riesgo de que la plaza fuese de nuevo ganada por el enemigo, aunque ello se procuró evitar con los tratados de paz, que muchas veces se vulneraban.

Como es bien sabido, los árabes no consumen productos del cerdo, pues lo tienen prohibido. Esa instrucción en su día probablemente se dio porque había enfermedades del cerdo que se transmitían a las personas. Es un animal impuro para ellos.

Después de la conquista, en los partos tenían que asistir comadronas cristianas y los recién nacidos tenían que ser obligatoriamente bautizados. Los baños públicos fueron prohibidos y derribados para evitar concentraciones que supusieren sublevación. En las partidas de nacimiento, aparte del nombre, había que poner la palabra «morisco» si los padres eran moros. No había permisividad religiosa para adaptarse a nuevos tiempos.

La cecina es el jamón de vaca. Todas las casas árabes tenían su despensa para almacenamiento de alimentos. La sal, producto importante, venía de la laguna de Fuente de Piedra. Llegaba muy mojada y húmeda, en sacas de peso no uniforme. El pescado procedía de Málaga. Por ello, la Puerta de Málaga del recinto amurallado se llamaba coloquialmente la Puerta del Pescado, hoy capilla de la Virgen de Espera.

La técnica del ahumado era una práctica habitual para alargar el tiempo de conservación de carnes y pescados, evitando que los alimentos mencionados se estropeasen. Esto se hacía en las propias casas o, lo que era más frecuente, en comercios especializados, normalmente en las panaderías. El ahumado se hacía con carbón, el cual se ponía incandescente, y madera mojada para que tuviese mucho humo. Tiene su técnica y su operativa para tener óptimos resultados. Ahumaban carnes de vaca, oveja, pollo y pescados.

La leche como tal no se tomaba por temor a enfermedades, pero sí se elaboraban quesos. El carbón vegetal para uso doméstico era la fuente habitual en la cocina de entonces, junto a algunas maderas. El carbón también se utilizaba como fuente de calefacción en los inviernos duros. La industria del carbón era similar en la zona cristiana.

Otra técnica para la conservación era hervir las carnes con vinagre y después almacenarlas en orzas de cerámica. El aceite como medio para conservar dentro del mismo fundamentalmente pescados es una técnica muy conocida. El uso de especias en estas labores para dar mejor sabor era una práctica corriente. Dentro de la alimentación árabe está prohibido utilizar la sangre, también hacer uso de los huesos para caldos. En cuanto a las normas halal, de alimentación, no pueden ser usados los animales muertos por causa natural, sino que deben estar vivos y ser sacrificados. El matarife tiene que ser musulmán, el corte en el cuello debe ser limpio, con cuchillo bien afilado, y la cabeza debe situarse mirando a La Meca.

El Ramadán ya sabemos que es el ayuno, durante un mes, desde que sale el sol hasta que se pone. Se celebra en el noveno mes del calendario musulmán. Tiene por objeto el purificarse, reflexionar, ser más generoso, etc. Están excluidas de cumplir el

Ramadán las mujeres embarazadas, también las que acaban de tener un hijo. Igualmente, están fuera del Ramadán los niños, si bien se recomienda que se les enseñe lo antes posible para cumplirlo. El Ramadán excluye a los que tienen trabajos muy duros, también a los guerreros y, por supuesto, a los ancianos.

Hay una serie de animales cuya carne no se permiten comer, tales como el mulo o el asno, los perros y una larga lista. La religión cristiana también tiene su lista, pero hay permisividad y con los años se ha vuelto laxa. Volviendo a los preceptos musulmanes, si la carne de cerdo se consume porque se es obligado a ello, entonces no es falta. En otro ámbito gastronómico, cabe destacar que los árabes de al-Ándalus eran muy expertos en la preparación de dulces.

La ciudad de Antakira estaba muy cuidada, con tortuosas calles en su interior, con casas muy blancas donde las habitaciones estaban alrededor de un patio y calles estrechas y entoldadas para evitar el sol durante el verano, con el zoco o zona de diminutas tiendas y mercado libre una vez a la semana, como ahora. Su aljama o cencejo, integrado por personas de prestigio, cuidaba del mantenimiento de acequias, fuentes públicas, escuelas, etc. Era lo que hoy es el ayuntamiento.

Antakira sobresalía por su industria textil y las labores de cuero repujado. La mezquita era también sala de reuniones y sitio de relaciones sociales. Era una población próspera de sembrados y de rebaños. Tenía buenas producciones de aceite desde muchos años atrás, desde los romanos. La ciudad tenía un cuidado alcantarillado y baños públicos por la tarde para las señoras, donde estas usaban perfumes de jazmín, aceites de violeta y aditamentos para pintarse los labios.

Antequera, como cruce de caminos, disponía de numerosas albercas —que llamaban *al-birca*— que se abastecían de pozos y sistemas de riegos por acequias. Era, pues, una plaza muy bien defendida con sus murallas, con fama de inexpugnable y un objeto de deseo para su conquista. En los siglos siguientes todo esto quedó poco a poco en completo abandono y sus materiales fueron retirados para otras construcciones. La ciudad fue literalmente arrasada, quedando las murallas porque era imposible llevárselas desmontadas. Aun así, faltan muchos tramos y otros lienzos han quedado protegidos por las casas parásitas.

Cuando, ya en época cristiana, no se cabía dentro de la alcazaba y la ciudad no podía expandirse, lo hizo extramuros, en el barrio de San Juan. La nueva Antequera se empezó a configurar, después de la conquista de Granada, en sitio espacioso y llano, buscando la comodidad. De alguna forma, la Antequera musulmana tenía un porvenir sentenciado y así se cumplió con los años.

Dentro del actual término municipal de Antequera conviene destacar la mezquita del Cortijo de las Mezquitas, que está a siete kilómetros de Campillos y a otros tantos de la localidad de Sierra de Yeguas, en un cruce de caminos entre Antequera, Campillos y Sierra de Yeguas. La mezquita mencionada nunca fue iglesia y tiene un valor impresionante, increíblemente potente, pues es nada más y nada menos que de la época del tercer califa, Abderramán III.

El emir de Córdoba hizo un proyecto de ciudad en la Vega de Antequera, que abandonó para dedicarse a construir Medina Azahara, en Córdoba, pero dejó construida la mezquita. Empezó la ciudad por ella, lo más prioritario. En Bobastro, a trece kilómetros en línea recta del Cortijo de las Mezquitas, hubo una sublevación contra el emirato de Córdoba que duró bastante, desde 880 a 929. Bobastro parecía irreductible, de ahí que Abderramán decidiese hacer una ciudad cerca para que no se extendiese dicha sublevación. Sin embargo, todo quedó en un proyecto, salvo la mezquita construida.

La mezquita es de piedra labrada y tiene capacidad para albergar a setecientas personas. Cuando venció a los sublevados antes de lo previsto, Abderramán abandonó el proyecto y lo efectúo a pocos kilómetros de Córdoba, en Medina Azahara. Se ha buscado y publicado un libro, *La mezquita de Lamaya*, y se han encontrado referencias en la crónica de Abderramán III. En aquellos tiempos Sierra de Yeguas pertenecía a la cora de Estepa y la de Teba, donde se integraba Campillos. La mezquita, al estar embutida en las instalaciones del cortijo, se ha conservado bien. El cortijo se hizo en el siglo XVI y ha seguido usándose hasta finales del XX. Ahora hay que quitar lo que se ha puesto encima para tener la mezquita en todo su esplendor. Es un modelo reducido de la de Córdoba, lo cual ha sido un gran descubrimiento en los estudios profundos de don Virgilio Fernández Enamorado.

Se ha averiguado que se construyó en dos fases: primero en el siglo IX, con piezas de ruinas romanas; y luego en el siglo X. Se piensa que fue construida por especialistas cordobeses y se cree que, debido a su valor, incluso podría ser propuesta para ser declarada Patrimonio de la Humanidad. En este sentido, se deduce que no se le ha dado todavía la atención económica que merece. Está claro que hay que poner en valor mucho de nuestro patrimonio, porque el tiempo obra en contra y lo histórico cada vez será más apreciado. Lo actual es una consecuencia del pasado.

La mezquita, que conserva sus muros reforzados por contrafuertes y que tiene unas dimensiones de treinta por treinta metros, es un descubrimiento moderno, porque hasta 2006 nadie conocía la existencia de este patrimonio. Fue entonces cuando el historiador Carlos Gozalbes descubrió los arcos del templo embutidos en los muros del cortijo, en el centro de una finca particular de cereales y olivar. En 2008 la mezquita fue declarada Bien de Interés Cultural por la Junta de Andalucía.

En este campo, la Junta de Andalucía debería expresar su interés más agudo por los legados mediante acciones que, en definitiva, suponen desembolsos económicos, pero hay que tener en cuenta que en Andalucía no tenemos petróleo y, aunque se han construido muchos polígonos industriales para atraer la industria, lo cierto es que hay poco más que muchos polígonos desiertos o muy vacíos, sencillamente porque no hay empresarios. Ser empresario es difícil, es toda una carrera de obstáculos, muchos de ellos producidos por la propia Administración con su lentitud y las escalofriantes normativas de la Comunidad

Europea, del Gobierno de la nación, de las autonomías y de los ayuntamientos. Ser empresario supone, en cierta medida, ser un héroe por las complicaciones, el estrés y los obstáculos.

Así que, sin olvidarnos de captar lo que pueda aparecer de industria, sí que tenemos un valor seguro, que es el turístico, máxime cuando estamos tan cerca de Málaga, que se ha convertido en pocos años en una capital bellísima con muchos atractivos turísticos. Invertir en el legado histórico es un deber moral para las generaciones venideras, que seguramente no nos perdonarán si no lo hemos hecho, y, por otro lado, una fuente de ingresos con el turismo, donde Antequera tiene mucho que decir, no solo con el casco urbano, sino con las villas y ciudades romanas y las fortalezas árabes cercanas.

Los antequeranos —entendiendo por ello a los nacidos en Antequera aunque vivan en otra parte y a los que, habiendo nacido fuera, residen en Antequera— hemos de pensar más en Antequera y quererla. La historia nos reservó un entorno maravilloso, histórico y cultural. Vivimos en una época de promesas, que muchas veces, por unas u otras causas, no se hacen realidad. La mayoría vivimos de la forma lo más cómoda posible y es hora de reivindicar, participar y requerir con entusiasmo lo mucho que hemos heredado y que, como depositarios, hemos de ofrecer a las generaciones futuras, participando activamente en todo lo que signifique esta herencia.

Las calles dentro de la *madina* eran estrechas, como era habitual en otras poblaciones de al-Ándalus, para protegerse mejor de los calores del verano. Las casas estaban encaladas, igualmente como color más refractario al calor y siendo la cal una pintura no costosa. Las murallas estaban igualmente blanqueadas. Las calles estrechas eran también para ocupar menos sitio dentro del recinto amurallado, tener menos distancia entre vecinos y más comodidad. Los caballos y ovejas no estaban dentro de las casas, sino en un recinto exterior a la muralla, aunque también protegido de ataques externos.

Cuando se conquistó Antequera, la mezquita se convirtió en la iglesia de San Salvador. En algunos libros se reseña que no se sabe exactamente dónde estaba, pero hoy día se conoce perfectamente su ubicación y sus dimensiones. Están perfectamente localizados los cimientos del conjunto y de un aljibe lateral a la misma. Hay quien dice que es posible que hubiese otra mezquita mayor junto a la actual iglesia de Santa María. De ser así, la hubiesen convertido en iglesia. Hay muchas leyendas creadas por los muchos años transcurridos y por la imaginación. Evidentemente, en alta medida lo fiable es lo escrito por el cronista presente en Antequera de principio a fin de la toma. Escrito, obviamente, en castellano antiguo, de difícil comprensión con la evolución de este al actual. Hay que estar continuamente recurriendo al diccionario, muchas veces sin éxito.

El pan de Antakira tenía buena fama por su calidad ya desde aquellos tiempos. Hoy sigue el arte de la confección panadera teniendo mucho prestigio. El pan de Antequera siempre ha sido así por su calidad, producto de la buena agua y del arte en su confección artesanal. Tengo amigos que cuando pasan por Antequera entran a comprar el pan. El mollete no está determinado de qué fecha proviene, se está indagando en ello. El gazpacho y la porra son claramente de época romana, si bien se hacían sin tomate y pimiento, que fueron productos traídos de América después del descubrimiento.

Los dulces de Antequera provienen de los ricos dulces árabes, aunque los árabes ya sabemos que no quieren saber nada de productos del cerdo o sus derivados. Sí eran muy expertos sobre todo en dulces de almendra. El aceite era muy importante y cultivo preferente en aquella época. El cultivo del olivo era ya muy antiguo en Andalucía, que exportaba mucho a la Roma imperial. Los árabes simplemente lo continuaron y fueron muy consumidores del aceite de oliva.

En los hogares musulmanes no se puede entrar con zapatos, que hay que dejarlos en la puerta, ni puedes dar la mano izquierda en un saludo porque la izquierda es la maldita, la que usan para limpiarse el culo. El mobiliario era tremendamente sencillo. Eran habituales los arcones para guardar ropa, las alacenas en los mismos muros para colocar libros y algún adorno. Para dar calidez a las casas se utilizaban esteras de algodón y alfombras y, eso sí, buenos braseros. Las casas eran interiormente cómodas y con un exterior humilde. Había también hospitales y, junto a los mismos, jardines para plantas medicinales. Los médicos tenían su jardín para ello. Los mayores en la cultura árabe son muy respetados y muy tenidos en cuenta sus consejos. En la cristiana bastante menos, al menos en la época actual.

La población de Medina Antakira se calcula en aquellos tiempos en unas 3.500 personas, repartidas a partes iguales entre mujeres, hombres y niños. Tenía nueve calles, unas 450 casas y dos plazas. Cuando se conquistó y fue evacuada de moros, de forma inmediata se hizo una iglesia con sede en la mezquita. Más adelante, cuando la población aumentó, se amplió a tres parroquias: una en la antigua mezquita, otra con sede en Santa María la Mayor y la última en un local junto a la puerta de Espera, que había sido anteriormente un almacén de armas.

No hay datos de las bajas por la guerra en los libros. Sin duda, para enaltecer el éxito los números se multiplican. Cualquier número que indique es meramente subjetivo y sin base. Para dar más importancia a las batallas se aumenta de forma a veces tremenda el número integrantes del ejército de cada lado y el número de muertes hasta extremos que son realmente inadmisibles. Con esta premisa, diría que murieron posiblemente 2.000 personas por parte musulmana, no todos antequeranos, aunque sí buena parte. Por parte castellana cayeron unas mil personas, incluyendo las pérdidas humanas en las salidas desde el campamento para cabalgadas y destrucción en territorio enemigo. Hay que tener en cuenta que la *madina* se colmató. Los que vivían en los molinos y en casas de campo rápidamente se refugiaron en la misma, aunque, ya que no eran muchos al ser tierra de frontera, tenían por lo general su casa en la *madina*, donde volvían de noche y se cerraban las puertas de la muralla como protección. Con todo ello, había personal fuera de la población.

Junto al río se alineaban los molinos de harina, algunos ya desaparecidos y otros van por ese camino. Habría que recuperar y poner en valor alguno de ellos. Igualmente, junto al río se desarrollaba la industria textil, que se basaba en la lana de las ovejas y en la seda. Estos puntos fabriles podrían suponer entre todos del orden de doce o trece unidades productivas. La zona de la Moraleda es conocida así por el cultivo de morera para la crianza de los gusanos de seda. En los tejidos de seda los árabes eran unos expertos y los castellanos no. La compraban a los musulmanes.

La cerámica de al-Ándalus fue un arte muy desarrollado, así como los útiles confeccionados con esparto. Un museo sobre utensilios de la Antequera árabe, antes Madina Antakira, dentro del mismo recinto amurallado o cercano al mismo sería una buena manera de rendir homenaje a aquellos tiempos a la vez que un atractivo turístico.

La calle Herradores, paralela a la muralla, se llama así porque en la época musulmana allí tenían el ganado caballar y mular, fuera del recinto de la ciudad exterior a la muralla, pero debidamente protegido por fosos y terraplenes. En esta calle estaban los herradores y vivían los cuidadores del ganado. Esta calle es paralela a la calle del Río, cuyo nombre todo el mundo piensa —supongo— que es porque por la misma se va al río, pero no es así. Su nombre proviene de que en aquellos tiempos era un foso de protección del castillo, que lógicamente se parece a un río. Separados del mismo, entre el foso y la muralla, en esta zona protegida se tenían los animales —caballos, vacas, ovejas y cabras— y también una zona deportiva y de fiestas fuera del recinto amurallado como manera de tener menos suciedad en la ciudad y utilizar mejor el espacio amurallado, pero protegidos ante posibles asaltos. En la calle del Río, dirección de calle Zapateros a plaza del Carmen, la parte de atrás de las casas de la derecha es un muro, un terraplén vertical de mampostería. Al hacer las casas allí, los cristianos posteriores se ahorraban la pared trasera de la vivienda. Esto es lo que se llamó un tercer anillo, aunque realmente no es que haya dos anillos, sino un recinto partido por dos, uno civil y otro militar. Este tercer espacio, menos protegido o más vulnerable, era para el ganado y para el ocio y el paseo. En cuanto a la caballería, era tanto de cabalgar como para tracción agrícola. Así pues, la zona alta de la ciudad extramuros de la alcazaba era una zona de servicios y también de asueto, de fiestas y donde se tenía el ganado. He leído en algún libro que el foso era inundable con el agua del río, pero entiendo que eso es imposible al estar a una cota más alta. No creo que se me pueda desmentir en todas estas cosas que reseño. Ante diversa información, lo que expongo es el punto de vista que considero más lógico de lo leído y deducido.

Todo en la Antequera árabe estaba muy bien organizado. Era una ciudad importante y fronteriza a cien kilómetros de Granada, un baluarte que había que tener bien protegido y precisamente su situación orográfica se prestaba a ello. Por esta circunstancia, en la segunda mitad del siglo XIV y primeros años del siglo XV —es decir, desde aproximadamente 1350 a 1410, cuando fue conquistada— hubo muchas obras de mejora para resistir asedios, para procurar hacerla inexpugnable, para ser un punto en el cual los cristianos no pudiesen avanzar camino de Granada desde la ruta de Sevilla, ciudad más organizada en época cristiana y de fuerte potencial y que era castellana desde muchos años atrás. Fue conquistada en 1252. Cuando fue conquistada Antequera por el ejército castellano, la frontera árabe pasó a lo que es la Peña de los Enamorados.

En 1492, con la conquista de Granada, se acabó el enemigo, se acabó lo que se llamó la Reconquista, quizá más bien conquista. En la primera Antequera cristiana, la de los 82 años que transcurrieron desde su conquista en 1410 a la de Granada en 1492, era todo igual o similar a la época árabe. Los castellanos ocuparon el mismo recinto, que en vez de estar lleno de árabes era ahora ocupado por cristianos y en mucho menor número. Seguía siendo frontera, antes árabe y ahora cristiana. Pasó de un contendiente a otro.

Desde 1492 empezó la explosión del aumento de la ciudad en el llano. Ya no hacían falta murallas y de alguna forma se trazaron las que después serían arterias principales de la ciudad, con calles mucho más amplias que las de los árabes y que las del periodo entre 1410 y 1492, época durante la cual los castellanos ocuparon exactamente el mismo recinto que habían tenido los musulmanes.

La leyenda de la Peña de los Enamorados es del estilo de *Romeo y Julieta*, donde ambos mueren por amor. El escritor Lorenzo Valla relata que los protagonistas no eran ni de Antequera ni de Archidona, sino que procedían de Granada y venían huyendo. Esta, posiblemente, sea la versión más lógica, puesto que el nombre de Peña de los Enamorados no es un nombre castellano, sino que se llamaba así —lógicamente, traducido en árabe— desde siglos atrás, antes de que Antequera fuese ciudad cristiana. Todos los relatos sobre la leyenda sí tienen algo en común: que los enamorados llegan a la «barbilla» y saltan. En la *Crónica del Rey Juan II*, de Alvar García de Santa María, el cual falleció en 1460, se indica que el Romeo era castellano y ella mora y que huían desde Granada. Claro, no se sabe si es una leyenda o se trata de hechos reales aproximados. Parece que se acerca mucho a los hechos reales. De una forma u otra, parece que hubo este episodio, con personajes que no sabemos cuáles entran dentro de la leyenda que ha venido perdurando por los siglos y que, evidentemente, seguirá viva, quizá incluso con más fuerza. Recomiendo a la gente joven que suba a la Peña de los Enamorados, a la «barbilla del indio», el corte vertical de la misma. Acercarse a ella es realmente de impresión. Evidentemente, no hay que acercarse donde haya peligro.

La Peña de los Enamorados tiene el perfil de la mitad anterior de la cabeza de una persona y se supone que la otra mitad de la cabeza está bajo el suelo. Se distinguen los ojos, la boca, la frente. Es una cara mirando al cielo día y noche, año tras año, motivo de leyendas, de poesías. Una cara mirando al cielo con frío y con calor, de forma continua, año tras año y siglo tras siglo. Se presta a todo tipo de pensamientos, de sueños, de fantasías, es uno de los embrujos que tiene Antequera. No tardará muchos años, supongo, en habilitarse algún sistema mecánico que permita subir y contemplar la amplia vega. Eso sí, sin perjudicar el medio ambiente. Hoy día el eje comprendido entre el Torcal, los monumentos megalíticos y la Peña de los Enamorados forma un espacio nombrado Patrimonio de la Humanidad, un hito merecido y que señala un antes y un después en la historia de la ciudad.

LA MURALLA ÁRABE
DE ANTEQUERA

El viernes 22 de marzo de 2019 me dediqué prácticamente toda la mañana a examinar *in situ* parte de la muralla. Aunque, lógicamente, la he visto muchas veces, en esta ocasión la visita la hice dedicándole tiempo, pensamientos y atención detenida. En mayo de 2019 volví varias veces al castillo, visitas de toda la mañana observando detenidamente la alcazaba sin reseñar las numerosas ocasiones que lo visité a lo largo de mi vida sin saber apreciar su belleza con la plenitud actual, donde de alguna forma recreo en mi mente, reconstruyendo la época, los tiempos del asedio. Después he ido y venido, dando vueltas y más vueltas. Y las que me quedan por dar, si Dios quiere. Incluí la visita con un grupo turístico para dar una vuelta al castillo por el exterior de las murallas. He releído y he seguido dando vueltas y vueltas al castillo y sus alrededores.

La Torre del Reloj tiene perfectamente señalizada la sala de concejos —o, como diríamos hoy, consejos—, que era donde se reunía el alcaide con los concejales antes de la conquista. También en aquella pequeña sala era donde se reunían después de la de la conquista en 1410. Primero los musulmanes, después la usaron los cristianos. Era, en definitiva, nuestro ayuntamiento. Más tarde las reuniones se celebraban en la iglesia, antes mezquita. La Torre del Reloj o Torre del Homenaje también se llama de las Cinco Puntas, pues tiene forma de «L». Es por ello una torre muy rara, muy diferente. La Torre del Homenaje es la de mayor superficie, la de más metros cuadrados arriba de Andalucía. Solo hay otra más amplia, que es la de Gibraltar, ya fuera del territorio andaluz.

Después de la conquista de Granada, Antequera se desarrolló fuertemente. El templete de la torre se construyó en 1582 para que la ciudad tuviese la campana de avisos y su reloj, en su momento dos importantes servicios a los ciudadanos. La campana es enorme; era en su momento una de las más grandes de España. Poner la campana no era por motivos decorativos, sino porque regulaba la vida de la población. En aquellos tiempos señalaba los riegos en el campo, las misas, los grandes acontecimientos y, por supuesto, los entierros. Si tocan las campanas algo pasa, es cosa de preguntar a la vecina o al vecino. Aunque cada motivo del repique tiene su son, su música, y por ella se le identifica.

Para poder financiar la construcción encima de la torre del edificio que sostiene la campana, se vendieron por parte del Ayuntamiento una parcela de encinas y un huerto que solía arrendar, donde sembraban patatas. De ahí el nombre de Castillo de Papabellotas: de papas y bellotas. Esto creo que lo sabe la inmensa mayoría de los antequeranos. Ya conocí el castillo en mi niñez, cuando la Torre del Homenaje era la vivienda del guarda del castillo y de su familia y el área estaba sumida en un abandono absoluto.

La torre más cercana a la del Homenaje y de cierta majestad es la Torre Blanca. Fue donde tuvo su aposento el infante don Fernando los pocos días que permaneció después de la conquista hasta marchar a Sevilla, donde preparó y tuvo una entrada triunfal y apoteósica, digna de los grandes eventos. Una entrada que, en definitiva, era la del triunfo, de las que pasan a la historia y que él se encargó de diseñar para alcanzar mayor esplendor y renombre. Era experto el infante en estos temas de parafernalias en grandes eventos para que quedaran indelebles en el recuerdo de los ciudadanos. En la Torre Blanca, junto al aposento del infante, en la misma planta, hay una habitación más pequeña con una vista impresionante: en el arco de la ventana se dibuja la Peña de los Enamorados y entre el alcázar y la peña, la cueva de Menga. Una vista mágica.

Las barbacanas es un pasillo encima de un muro que hay un poco por delante de los de la muralla y por debajo. Es decir, da la sensación como si el castillo hubiese sido construido inscrito en unos muros elevados. Sobre ellos el pasillo es estrecho y sirve para hacer la guardia los soldados, vigilantes y atentos. Existe un balcón corrido a medio muro, que tiene no menos de setecientos metros de longitud. Un paseo de vigilancia y, además, un obstáculo más para el asalto que pudiese haber en su momento. Estaba todo ello bien pensado. Estas barbacanas fueron construidas en época nazarí — pues Antequera dependía del Reino de Granada— para reforzar la defensa de la misma como ciudad fronteriza. De hecho, hubo varios intentos cristianos de asalto a Antequera anteriores al del infante don Fernando, que fueron un fracaso. Por ejemplo, Pedro I vino a tomar Antequera con su aliado Mohamed V, que era enemigo del reino granadino, pero cuando llegaron a las murallas y las vieron y estudiaron dijeron: «Vámonos, que aquí no podemos».

Se sacan muchas conclusiones en la observación lenta. En la plaza del Carmen ha supuesto un buen paso adelante cuando se quitaron algunas de las casas parásitas junto a la muralla. No puedo precisar qué año fue, supongo que sobre 1995. Sí que recuerdo perfectamente cuando las mismas existían. Una de las casas era una tienda de comestibles —el apellido de cuyo propietario era, si mal no recuerdo, Pozo— donde iba a cobrar los suministros de comestibles más de una vez y también a recoger pedidos de abastecimiento. Todavía queda mucho por hacer en este campo de compra de casas adosadas a la muralla para su derribo. Casa que, en definitiva, hacen que la muralla permanezca oculta en parte. Es necesario quitarlas, que se vean las murallas en todo su esplendor en la zona que ahora están tapadas con casas y que se reconstruyan los paños que falten. Antiguamente se procuraba construir viviendas adosadas a iglesias, terraplenes y murallas por motivo de economía, ya que se ahorraba construir la pared de atrás, y también por seguridad en muchos casos. En parte, también las murallas se derribaron para utilizar sus materiales en otras construcciones. Es importante volver a poner las murallas tal como estaban en el siglo XV —cosa que se va haciendo, pero demasiado lentamente— por el atractivo histórico y cultural y por la trascendencia que ello va a tener para el desarrollo del turismo.

Había cuatro puertas de la ciudad y una interna, entre el alcázar y la *madina*. En total cinco. Hay informaciones muy variadas en cuanto al número. A mí me parece esta la más verosímil, visto lo visto. De las cuatro exteriores, dos de ellas eran monumentales y las otras dos eran más bien puertecitas, portillos o postigos solo para personas. Por su estrechez no cabían caballerías. Las dos monumentales, en extremos opuestos, eran la Puerta de Estepa y la Puerta de Málaga. En cuanto a los dos postigos, uno era el de la Estrella y otro el del Agua, que ya no existe.

La Puerta de Estepa era la principal, seguramente por ser la de más tráfico; por ejemplo, para construir la iglesia de Santa María. Estaba en malas condiciones y terminó por demolerse y construirse el Arco de los Gigantes, una edificación que fue en su momento el primer museo al aire libre de Europa, que se cubrió con mármoles de inscripciones romanas como tributo al pasado y que es hoy uno de los monumentos emblemáticos de Antequera. La Puerta de Estepa se llama así porque saliendo de ella se va a la localidad de Estepa, situada a cincuenta kilómetros.

Ya en época cristiana, la superficie del alcázar disminuyó y aumentó la medina. Era época en la que Antequera fue frontera, en este caso cristiana. El muro divisorio interno entre la alcazaba y la ciudad fue demolido para que, con el retranqueo, la ciudad quedase más espaciosa, con más superficie y menos zona militar. Ya no hacía tanta falta tan grande.

Lo que se conoce hoy como Puerta del Agua realmente es un paso en un contrafuerte de las murallas. El Postigo del Agua no existe en la actualidad, se tapó; y lo que se conoce como Puerta de la Estrella ahora no era tal. La puerta o postigo sí que está:

es un estrecho pasillo en la muralla, junto a lo que se conoce como puerta, que es un acceso en un contrafuerte.

Según he visto, torre albarrana es una torre externa a las murallas, que se une a las mismas por un puente de quita y pon de madera. Estas torres externas tienen misión de defensa y de vigilancia en caso de ataque y asedio. Si son ganadas por el enemigo, entonces se quita el pasillo de madera que las une con las murallas para que los asediadores no pasen al interior de la zona amurallada. Son torres de defensa. Lo que he observado es que, en el caso de Antequera, las cuatro torres albarranas que indican que hay realmente no son tales. Son cuatro muros verticales a los lados de las murallas, situados dos en la plaza del Carmen y dos en la Bajada del Río. La razón de estos muros es sencilla. Lo que hay en esos tramos detrás de las murallas es tierra, es la parte baja del monte. Las murallas son muros de contención de la tierra de las laderas, son como un dique para la tierra, que llega hasta las almenas. Por consiguiente, para que la muralla no caiga debido al peso de la tierra por un lado es por lo que tiene estos cuatro muros contrafuertes, los cuales, para permitir el paso de un lado al otro del muro sin tener que dar un rodeo, tienen un paso con su arco arriba, que es lo que se conoce hoy como Puerta de la Estrella y Puerta del Agua de manera no correcta. En todo el resto del perímetro del recinto ya no hay estos contrafuertes, no son necesarios. No hay muralla que tenga soportar tierra al otro lado.

En cuanto a la Puerta de Málaga, también es conocida como Puerta del Pescado por motivos fácilmente imaginables. Desde hace muchos años la puerta es monumental y es la actual capilla de la Virgen de Espera. Le faltan los muros de la muralla a un lado y a otro. Solo ha quedado —y menos mal— la puerta debido precisamente a ello, a que se hizo capilla y la capilla se hizo por su monumentalidad y le ha permitido salvarse en buenas condiciones con el paso del tiempo.

En el arco de entrada de la Puerta de Málaga, en la parte más alta, está esculpida la mano de Fátima, un rasgo árabe que se conserva plenamente. La mano de Fátima, Hamsa o Jamsa es un símbolo popular en Oriente Medio y en África, que vienen utilizando mucho tanto judíos como musulmanes. Es como un amuleto de la suerte, a veces como aldabón en las casas, también muchas veces tatuado. Es la «mano de Dios». La mano significa protección, autoridad, fuerza, poder, es la expresión de un deseo, es un signo de conciliación, una protección también contra el mal de ojo. Cada uno de los dedos significa o representa cada uno de los mandamientos de la ley islámica. El nombre de Fátima alude a la hija de Mahoma, la cual metió la mano en agua hirviendo, desesperada al ver entrar en su casa a su marido con otra, y se le hinchó la mano. La mano de Fátima es una mano hinchada, en definitiva, y con rasgos muy definidos o específicos.

En la plaza del Carmen está la Torre de la Escala, que se llama así porque es por donde fue asaltada la ciudad mediante una torre de asalto —también llamada escala, entre otros nombres—. La torre, que forma parte de la muralla y que hace esquina donde dobla la muralla para ir paralela al río, era el único sitio de la muralla que se veía menos dificultoso de asaltar. Es decir, donde delante hay un pequeño llano. En los demás sitios es imposible por los terraplenes escarpados y barrancos o por estar junto al río, en la falda del cerro de San Cristóbal, por donde no hay acceso y está el río como accidente. Por allí no hay espacio para que entren pesadas y grandes máquinas de guerra.

Está claro que delante de las murallas en esa zona había un foso, porque es la zona más vulnerable. Las demás son de asalto diremos imposible. Al estar el castillo en una colina, hay terraplenes de acceso utópicos de rebasar. Estaba claro que el asalto, de hacerlo, tenía que ser por ahí, en la plaza del Carmen, entre otras cosas porque en otro lado es prácticamente imposible. Desde el primer momento los cristianos empezaron a rellenar con tierra el foso para poder acercar las dos bastidas y la torre de asalto, todo ello de madera, para preparar el asalto. A la hora de este, obviamente se atacaba «a la redonda», es decir, alrededor de todo el recinto, procurando echar las puertas abajo mediante los dispositivos correspondientes para que los asediados además no se concentraran en el punto de asalto para mejor defensa.

Las murallas de la *madina* fueron mejoradas y reforzadas mucho en el siglo XIV, de diez a cien años antes de la conquista, y fue construida porque, como consecuencia del repliegue musulmán por el avance de los castellanos, muchos musulmanes se iban de donde vivían anteriormente y se mudaban a poblaciones no conquistadas y que consideraban más seguras, entre ellas Antequera, con un alcázar que se tenía como modelo de imbatible, aunque no fue así.

Antequera era una ciudad fronteriza del reino nazarí con el castellano y, sabedores los nazaríes de su importancia estratégica por estar Granada a cien kilómetros, durante estos años hicieron grandes obras en Antakira para hacerla más inexpugnable, mejor fortificada y con el objetivo claro de que los castellanos no pudiesen nunca hacerse con ella, pues conquistar Antequera era, en definitiva, el principio del fin del Reino de Granada. Todos lo sabían.

El único punto vulnerable era el de la plaza del Carmen, pero era fácilmente vigilable y estaba preparado para no poder ser asaltado por la maquinaria de las bastidas. A tal efecto, el infante se había dotado de material de última generación. Estos artefactos habían sido construidos en Sevilla para Antequera. Esta sí era ya una máquina de guerra poderosa. Era la vez primera que se usaba algo así en España y la última, pues después de la toma de Antequera la artillería se desarrolló mucho, haciendo ya vulnerables las alcazabas. La torre de asalto a Antequera fue construida en Sevilla específicamente para este fin, así como el resto del material.

En su momento, el castillo fue declarado Bien de Interés Cultural. Los paños entre torre y torre se llamaban camisas y a las torres se les llamaba mangas. La frase «no te metas en camisa de once varas» viene a decir que no intentes asaltar un muro con más de ocho metros de altura —once varas— porque es imposible. Es muy peligroso asaltarlo con una escalera por la caída, que puede ser mortal, por la propia estabilidad de la escalera, por la fácil defensa desde arriba. En fin, es descartable en la práctica.

Hoy, sábado, 11 de mayo de 2019, he estado toda la mañana en el alcázar y, desde luego, me ha llamado la atención el alto número de turistas que había. Los antequeranos deberíamos visitar más el castillo y conocerlo más a fondo. Es una manera de quererlo. Lo malo es que está muy alto y hay muchas cuestas, pero tenemos el trenecillo turístico, que no es un tren de vías de hierro, pero se le parece.

La ubicación del recinto amurallado es muy buena, porque está situado en un monte de buen piso calizo, lo que le da una buena cimentación al castillo. No hay que hacer cimientos en las zonas altas de suelo, sí junto al río. El recinto es totalmente árabe, si bien en ese espacio ya estaba asentada la población visigoda y previamente la romana, de ahí que dentro del recinto amurallado se hayan encontrado los baños romanos, los restos de los mismos y también restos de una iglesia visigoda.

En la finca El Castillón se encuentra la ciudad romana de Singilia Barba. Hoy no se habla de ella dentro de planes de recuperación del patrimonio, que yo sepa. No sé por qué. Por falta de dinero, supongo. La iglesia de San Juan de Dios se construyó con materiales desmontados de Singilia Barba; no sabemos si otras construcciones también. A veces ha ocurrido con las ruinas romanas lo que en su día escuché, por ejemplo, referente a Itálica, en Sevilla: que parte de las piedras había servido para la construcción del firme de la carretera de Extremadura en su momento. En la época medieval Antequera era un centro poblacional y militar de primerísimo nivel.

EL AGUA EN LA AGRICULTURA Y LA INDUSTRIA DE LA ANTEQUERA MUSULMANA

El camino, muy bonito, para pasear a la Bajada del Río discurre por el exterior de la muralla de la medina. Es un paseo muy recomendable, un paseo precioso, quizá el más bonito de la ciudad y, sin embargo, poco frecuentado. Es llano desde la plaza del Carmen a San Juan, para ir y volver, y como el valle por donde el río transcurre está a los pies del cerro de San Cristóbal, aquella zona está muy protegida de los ataques externos. Al lado de las orillas del río hay una interesante y minúscula vega muy estrecha, estrechísima, mínima. Una derivación del río, que corre paralelo, es el río Rosal, muy cerca este de la muralla. Permite regar de arriba abajo por gravedad, además de situar en el canal los lavaderos públicos, que habría que poner de nuevo en restauración y que desaparecieron no hace tantos años. Yo los he conocido. En su tiempo, los lavaderos públicos eran un lugar de tertulias y de reuniones entre las personas que hacían este trabajo. Eran, en definitiva, un sitio de relaciones sociales, un casino al aire libre. Lo fueron en época árabe y lo siguieron siendo en época cristiana, colindantes al exterior del castillo. Los árabes sí bebían mucha agua. Los cristianos bebían poca por temor a contraer enfermedades por aguas contaminadas, pero beber poca agua también les acarreaba enfermedades.

La puerta de acceso de la muralla al río era el Postigo del Agua. El acceso estrecho, el postigo, se suprimió. Se sabe más o menos donde estaba, pero no exactamente. El río, es fundamental, es básico, es la base del establecimiento de la población junto con un lugar agreste donde protegerse de los enemigos. Gracias al agua tenemos muchas cosas. En la cultura musulmana los baños árabes son muy importantes en su estilo de vida y son igualmente un sitio de relaciones sociales. Los baños árabes, en cierta medida, son una copia de los baños romanos y sustituían a los cuartos de baño personales, que no existían.

El río con sus lavaderos para la ropa y las mujeres lavando desde el amanecer con el agua fría, recién salida del manantial del fondo frío del subsuelo del Torcal. El lavar a mano se hacía en mi niñez, ya que las lavadoras eléctricas vinieron a Antequera en 1955 aproximadamente, no hace tanto. Antes las mujeres se estropeaban las manos e iban cargadas después, con la ropa mojada en cubos de madera o de cerámica, a los patios de las casas. Hoy ya, con los adelantos modernos, la sociedad ha cambiado y esto es historia. Los trabajos del hombre y de la mujer han variado con la mecanización, la automatización, los frigoríficos y los muchos adelantos técnicos que simplifican los trabajos de forma intensa y permiten a la mujer acceder a puestos de trabajo que antes le era imposible alcanzar por la división de trabajo en el seno familiar, ya que el hombre en un alto porcentaje se dedicaba a la agricultura.

El agua es esencial para la actividad humana en un amplio abanico de requerimientos de la misma: para beber las personas, para abrevar el ganado, para la limpieza de los hogares y, desde luego, como la fuente de energía hidráulica, esencial en aquellos tiempos. Agua y seguridad, ríos y fortalezas en alto, los dos elementos esenciales de la vida en aquellos años. Donde solo había agua y no había promontorios para un alcázar, poder defenderse era un problema importante. Y un alcázar, un castillo, no tenía sentido sin agua. Cada caballo necesita al menos un cubo de agua al día; cada persona, por poco que beba y se lave, sin incluir ropa, necesita otro cubo. Cañadas, cañetes, cañavates, galerías hidráulicas, acequias subterráneas, cisternas, depósitos, aljibes, acequias. Unos maestros los musulmanes de al-Ándalus; sin embargo, los castellanos en estos temas estaban perdidos. La cultura del riego en España procede de los árabes, expertos en jardines, huertas y fuentes en las propias casas.

Siempre, hasta no hace demasiados años, el río de la Villa era pródigo en la cría de cangrejos de gran calidad, mucho mejores que los abundantes hoy en otros lugares de España, que son de raza y procedencia japonesa, especie *japonicus*, pequeños y casi una plaga. El cangrejo autóctono, elegante, grande y sabroso, ha desaparecido del río de la Villa.

El río tiene ya poca agua. En su propio nacimiento se han hecho perforaciones y potentes motobombas extraen el agua del mismo nacimiento, así que ahora del nacimiento efluye poca agua libremente. Extraída del subsuelo con motobombas, va por tuberías y de ahí a los depósitos de agua de la ciudad.

Esta práctica de alguna forma «seca los ríos», los deja con una mínima dotación en verano. Para época de agua abundante sí que hay, pero menos. No sé, quizá la extracción del agua de la ciudad debiese ser de otro punto —de otros pozos que no sean del propio nacimiento de la Villa, que debe de haberlos— y dejar el río con su caudal de años, de siglos.

Junto al río se situaban los molinos de harina árabes y el ganado para abrevar, cabras y, por supuesto, las ovejas para la lana y el hilado correspondiente. El río —al pie del castillo, con buena agua que emana de la falda del Torcal, de aguas de primera calidad y durante todo el año— da lugar a una fértil vega, muy pequeña pero muy rica, en las mismas estribaciones de Antequera. Una desviación del río en un canal junto a la muralla permite regar de arriba abajo por gravedad.

Los lavaderos públicos eran un sitio de información cuando no había ni prensa ni radio. Eran un nudo de comunicación, de cambio de opiniones, donde las mujeres no admitían varones.

La parte pegada al río es igualmente una zona muy protegida, pues hay que salvar el obstáculo del cauce para que las bastidas puedan acercarse a la muralla y el acceso no es posible entre la muralla y el río. Era un pequeño camino bajo las murallas protegidas por los arqueros y, al otro lado del río, por los cerros colindantes. Un lugar natural que ni diseñado adrede para la defensa y para liquidar con saetas y viratones al enemigo que por allí osase pasar.

Igualmente, el río era necesario para instalar, como se hizo, varios molinos de harina para moler el trigo y poder hacer el pan. Por cierto, uno de ellos, el Molino Dorado, fue de mi padre y se vendió en 1957 o 1958. Estuvo funcionando y fabricando harina desde que los árabes lo hicieron hasta los años mencionados. La harina iba a la fábrica de fideos Masagar, que era regentada a medias en aquellos años por el señor Francisco Matas Ruiz y mi padre, Antonio Sánchez-Garrido Sánchez, si bien lo que se molía en el molino era insuficiente y ya en el mismo había mecanismos de producción más modernos, pero la energía hidráulica era la misma: el agua caía sobre una noria desde tres o cuatro metros de altura. Las piedras de molienda eran árabes y el acceso al molino era muy difícil. No podían entrar los carros y tenía que accederse en mulas para atravesar un estrecho puente de madera. A las mismas se les ponían dos sacas blancas de lona llenas de harina a cada lado. Por cierto, creo que será probablemente el único que se conserve en la actualidad, siendo propiedad de un particular que lo mantiene con primor. De los demás no sé; por lo que veo, hay restos o vestigios de estos, cada vez menos. Turísticamente tiene, a mi entender, un alto valor la recuperación de al menos un molino antes de que sea imposible por su completa desaparición. La operación era bastante artesanal y el rendimiento era bajo. La maquinaria no era del siglo XV. No lo sé, probablemente sea el único molino bien conservado en la actualidad. Hace unos años estuvimos allí de forma imprevista paseando con mi hermana Mely y Trini. Total, que el actual propietario, que vive en el mismo, nos enseñó todas las dependencias y está sumamente cuidado, por suerte. Quedan restos de molinos árabes, algunos reconvertidos en fábricas de bayetas y mantas o en fábricas de curtidos, que después cerraron. Hoy sabemos que en el siglo XV debía de haber ocho o diez molinos de harina.

En otro orden de cosas, en cultivos el esparto tenía una gran importancia agrícola. El esparto era fundamental por sus muchos usos y daba trabajo a muchas personas. Incluso los ya mayores trabajaban el esparto por su gran experiencia en el manejo. Se hacían muchas cosas con el esparto, tales como cantareras para colocar sobre los mulos los cántaros de agua de cerámica o aceite, por ejemplo. Damajuanas forradas, calzado alpargatas, cestos, ondas para lanzamiento de piedras para controlar el ganado, estropajos para lavarse, cordeles y sogas, capachos para la extracción de aceite, esteras o alfombras para las casas, persianas, sombreros, cestos, cinturones, tapones... Todo un mundo alrededor del esparto, que ha pervivido durante siglos. Me acuerdo bien de que, en los años 60, la nave de la iglesia de Santa Clara se utilizaba para hacer capachos. Estaba abierta las veinticuatro horas del día e iban familias enteras a cualquier hora, durante el tiempo que quisieran, y se les entregaba el esparto para que hicieran capachos, que se pagaban por unidad tejida. Era un auxilio social, como una ONG. Allí les daban un vale por el dinero y venían a cobrarlo a la tienda de la calle Merecillas, que hacía este servicio de pagar y después le desembolsaban el dinero en liquidaciones semanales que yo mismo preparaba, adjuntando todos y cada uno de los justificantes. En tiempos medievales el esparto era una industria artesanal de primera magnitud, que daba muchos puestos de trabajo en su recolección, transporte, confección y posterior venta, toda una cadena. Con él se forraban cantimploras muy usadas desde la antigüedad. Incluso se confeccionaban zapatos de bebé y juguetes de niños, así como cinchos o cordes para quesos. Vegetal abundante en toda Andalucía, se utiliza también para armar la escayola, dotándola de gran resistencia. Con la llegada del plástico murió el esparto. Hoy es meramente decorativo, de venta turística. Crece espontáneamente en terrenos áridos. Granada ha sido una gran productora. Era una planta ya muy valorada por los romanos, importante en la vida cotidiana. El esparto se utiliza desde la época primitiva, desde la cueva de Menga o antes, desde tiempos inmemoriales. Es una planta muy resistente a la sequía y llegó a ocupar dentro del territorio español 6.000 kilómetros cuadrados, es decir, 600.000 hectáreas. Con él se hacían también alpargatas especiales para el trujal de las uvas. Las alpargatas de esparto son originarias de España; fuimos los inventores de las alpargatas de esparto, que sobrevivieron hasta bien entrado el siglo XX.

Esta zona industrial de Antequera, al tener la energía del agua, fue la base para fábricas de curtidos, de bayetas y mantas o de tintado de lanas posteriormente. Era el «polo industrial» de Antequera. Incluso había un molino fábrica de papel, básicamente papel de estraza. Dicen que es un papel muy antiguo y que se utilizaba en Egipto para envolver las momias. Entre 1950 y 1960 era el papel típico del comercio, bien en rollos de más de 1,5 metros de ancho o bien ya cortado, en trozos de veinticinco por veinticinco o treinta por treinta centímetros, en balas prensadas y amarrado por alambre en lotes de veinticinco o treinta kilos para uno y otro tamaño. Se hacía con madera desmenuzada y sosa caústica una pasta de la cual se obtenía el papel, pero esto ya en épocas mucho más recientes.

En fin, hoy día la industria textil antequerana, que se hizo en alguna medida en sus inicios con la infraestructura de los molinos árabes en cuanto a suministro de energía, tampoco hubiese podido resistir, ya que las fábricas de curtidos, tintes, lanas, etc., contaminan el agua y con las normativas medioambientales ya las hubiesen clausurado. La contaminación viene de atrás, aunque la lucha por la contaminación es moderna y muchas veces se llega a rizar el rizo, a romper la lógica, más por intereses de tipos muy diversos que por el sentido común.

Los árabes tenían telares, previos al desarrollo más moderno, después de la reconquista. Un ejemplo es la zona conocida como la Moraleda. En tiempos de los árabes estaba dedicada a moreras para la cría del gusano de seda, cuyos hilos se utilizaban después en los telares. También se utilizaba la lana de oveja. En definitiva, la industria antequerana tradicional, hoy finiquitada, procedía de la época árabe.

Cuando una industria va mal, caben dos soluciones: una de ellas es cerrarla y otra es ver la forma de que siga abierta, buscando soluciones, viendo las nuevas tendencias y adaptándose la industria a las mismas. Claro, esto es fácil decirlo ahora, pero en tiempos pasados las circunstancias eran muy diferentes en información, en transporte, en comunicación… Abogo por la industria de tamaño medio, con productos de calidad, aunque la misma tenía un riesgo, que es ser comprada por una multinacional, que es prácticamente la única opción que hay para que el empresario gane dinero, pero la a vez queda incontrolable como empresa. Las decisiones se encuentran más que alejadas y un día la cierran al no tener amor local. Sea como sea, Antequera tenía una serie de características, como la enunciada, por las que fue elegida para vivir desde la prehistoria.

Los molinos árabes son un tema para ver, estudiar y, como se dice ahora, poner en valor aquella zona de la ribera del río de la Villa como zona cultural y turística de Antequera, que se añada a lo que ya hay. Esto permitiría, además, recuperar algún molino del legado antes de que sea imposible.

En la época musulmana todos trabajaban, no había mendigos. Había mucho que hacer con dispositivos muy elementales. Una fuente de financiación musulmana en tierras fronterizas, como es el caso de Medina Antakira, era el secuestro de cristianos y el cobro de rescate. Era un buen negocio. Realmente, después del asedio se liberó a un buen número de cristianos, parece que del orden de cincuenta. La mazmorra del alcázar es un pozo por fuera, situado en el interior del recinto y dentro ensanchado en forma de saco. Tiene seis metros de profundidad. Esta era la mazmorra para los cristianos o para musulmanes con penas más graves. Tendría que ser horrible sobrevivir en un sitio así, con olores y sin aseo alguno, con poca luz y mucha humedad. Realmente, se sobrevivía poco. Sin embargo, hay otras lecturas donde se indica que estas mazmorras-pozos eran ya para condenas de índole altamente grave y los demás estaban en mazmorras más «humanas», pero no como las cárceles de ahora, que dan la sensación de hoteles de lujo.

Dentro del recinto de Medina Antakira hay al menos un pozo que está operativo con agua, aunque no se utiliza. Precisamente, está dentro de la iglesia de Santa María, a un lado, entrando a la izquierda. Tiene una losa de quita y pon y hace años, durante una visita, alguien que no recuerdo quitó dicha losa y vi el agua en el pozo —bastante profundo, por cierto—. El agua no es potable debido a que el suelo es calizo, según me comentaron. Yo no lo sé. El que me lo dijo noté que no me lo decía con mucha convicción.

Se hace constar que el infante don Fernando, cuando fue informado de que había una puerta en la muralla que daba al río, cortó el suministro de agua a la población, tapando la conocida como Puerta del Agua, y que esto fue el 9 de septiembre de 1410. Esto es difícilmente digerible. Yo creo que una población de 3.000 personas en el interior del recinto amurallado no se puede abastecer de noche, saliendo furtivamente a por agua al río —6.000 cubos diarios— sin que, además, se den cuenta los cristianos. Hace falta demasiada agua. Por otro lado, los musulmanes eran más que expertos en el manejo del agua. No creo que los árabes tuviesen ese talón de Aquiles sin haber dado solución al abastecimiento de agua en caso de cerco por asedio. Supongo que lo lógico es que hubiera una o más tuberías desde el río a pozos de agua potable dentro de la población y un sistema de norias para subir el agua y abastecer a las casas.

Si el infante don Fernando hubiese sabido cómo se abastecían de agua los sitiados no hubiese cortado el agua el 9 de septiembre, sino apenas llegar, a finales de abril. Con agua el asedio podría alargarse mucho; sin ella no es posible. La información sobre el agua se debe a un proceso de descarte. La crónica dice que el informador era judío, que se fue del recinto amurallado a la vista del cariz que estaban tomando las cosas. Se trataba, pues, de un desertor, una persona que no quería morir. Pero, claro, la crónica está redactada para ensalzar a los castellanos y para lo contrario en el caso de los árabes. Cuando cortaron el agua en la fecha indicada sí que empezó entonces una situación muy angustiosa para los sitiados, mucho más que con anterioridad a este hecho.

De época árabe hay en Antequera una conducción de la fuente La Malena, es decir, el actual Hotel de la Magdalena. El agua no subiría, evidentemente, al castillo; era para regar algunas huertas cercanas a dicha conducción. Había otra tercera zona de huertas, la zona de la Romana, que perduran hasta nuestros días. Los moros de aquella época eran muy expertos en conducciones de cerámica enterradas. Y, ya antes, los romanos en alta medida también.

Con el Hotel de la Magdalena se ha hecho una maravillosa reconstrucción y puesta en valor de un convento que estaba más que arruinado y que hoy es un sitio realmente fantástico para ir a descansar, como hay pocos. Fue en su momento un convento de la Santa Inquisición, así que no quiero ni pensar en los horrores que allí hubo. Hoy es agraciadamente un magnífico hotel. A algunos amigos se lo he recomendado y han quedado encantados. Antequera tiene lugares donde alojarse con mucho encanto. Uno que a mí me gusta mucho es el Hotel Finca Eslava.

Los árabes eran unos maestros en el manejo del agua, unos artífices o artistas en ello, como lo demuestran sus acequias y sistemas de riego, que aún perduran en nuestros días a pesar de tantos avances tecnológicos. Ya, por cierto, por poco tiempo. El manejo seguramente lo aprendieron de los romanos y lo mejoraron. En el recinto amurallado tenían también los aljibes. Al menos queda uno, el principal, que no es muy grande.

El libro *Crónica del rey Juan II* es la base del conocimiento del asedio desde el bando cristiano y, por tanto, parcial y por un cronista contratado por el infante. El libro del italiano Lorenzo Valla —que jamás estuvo en Antequera—, escrito al menos treinta o cuarenta años después en latín, es bastante cuestionable, muy cuestionable. Él escribió lo que le contaron treinta o cuarenta años después de la toma de Antequera. El cronista del rey Juan II —monarca que por entonces era un bebé— sí acompañó al infante en la conquista de Antequera y su información es de primera mano y, por lo general, detallada y fundamental para, a través de su estudio, ver cómo fue la toma de la ciudad.

Pienso que la población en cuanto a sed quizá no sufrió mucho, ya que el cerco duró seis meses y el corte del agua fue poco antes del asalto. Sí que sufrió con los incendios provocados por los castellanos mediante el disparo de «truenos» cargados de pólvora, que podrían explosionar, por ejemplo, en los propios y débiles tejados, causando víctimas mortales e incendios. Sí que sufrieron los asediados sin manera de proveerse de alimentos, racionando los que tenían en existencias y comiéndose los caballos. Sí que sufrieron también con los muertos habidos en familias, muertos atravesados por ballestas o cualquier otra circunstancia.

La población estaba un tanto apretujada, ya que los habitantes de los molinos de la ribera y de las factorías de fabricación de tejidos, así como los hortelanos, habían salido de sus hogares naturales y se habían ido a la protección de la ciudad amurallada. Cuando cortaron el agua me imagino a los sitiados. Qué desesperación les entraría. Utilizarían el agua salobre para el lavado de ropa y racionarían el agua de los aljibes, pero con una situación de miedo y terror metida en sus almas.

EL ASEDIO Y ASALTO DE ANTEQUERA

Ya desde finales del siglo XIII los cristianos eran dueños de las principales capitales de Andalucía y quedaba el reino nazarí o Reino de Granada como contrapunto de la política exterior de Castilla. Antequera se convirtió en un objetivo militar de primer orden para los castellanos y para la nobleza de Sevilla y Córdoba.

Teba se conquistó en 1330. En 1338 el infante Abul-a-Malik, hijo del sultán de Fez, cruzó el estrecho de Gibraltar, instalando parte de sus fuerzas militares en Ronda. Alfonso XI organizó en 1339 una expedición militar desde Sevilla contra los bereberes para arrasar el viñedo, el trigo y la cebada. Para suprimir, por consiguiente, la materia prima del vino, del pan y de la cerveza como forma de debilitar al enemigo.

El pan se hacía en hornos comunales. Estaba prohibido el trabajo de noche, excepto a los panaderos, para evitar incendios. Normalmente se construían los hornos cerca del río para sofocar posibles incendios, ya que en la arquitectura medieval había mucha madera. El horno servía para varios panaderos. El panadero, pues, no cuidaba del horno, sino que lo hacían empresas especializadas. El oficio de panadero tenía un aprendizaje de siete años. La harina les producía catarros crónicos y asma. Para adquirir el pan, el cliente previamente entregaba la harina. Por cada cinco libras de harina se le entregaban siete de pan. Si no tenía harina se le podía entregar también pan, pero pagando de la siguiente cosecha con intereses. Era el panadero realmente un prestamista, un banquero. En torno a las mezquitas se organizaban los mercados populares. En las paredes se hacían marcas con el tamaño del pan para evitar fraudes. También había ciudadanos que amasaban su pan y lo llevaban a un horno público.

Desde finales del siglo XIV Antequera aparece en la literatura como una villa próspera y bien fortificada, encrucijada de caminos con fuerte riqueza agrícola. Por ello, para la oligarquía de Sevilla, con importantes intereses económicos, agrícolas y ganaderos, era un objetivo claro y para los musulmanes constituía un enclave peligroso y amenazante.

Por otro lado, los cristianos en Sevilla entendían que por ahí vendrían a lo mejor posibles ataques musulmanes desde Granada. Para los castellanos y las personas ubicadas en Andalucía occidental, la Vega de Antequera era muy apetitosa para ampliar sus dominios, su riqueza.

El infante don Fernando se jugaba mucho en la conquista de Antequera. En el reto que él mismo se había impuesto era el ser o no ser. Era su trayectoria futura de éxito o de fracaso. Perder la guerra para adueñarse de Antequera hubiese sido para él un descalabro muy importante, por ejemplo, desde el punto de vista económico. En la guerra se ganaba prestigio y se aumentaba la riqueza, el poder. Don Fernando estimaba que era un mérito importante para ser nombrado rey de Aragón, que era su gran objetivo. Había diversos candidatos para ello, probablemente con más derechos algunos. La conquista de Antequera le valió, y mucho, para ser rey de Aragón.

El infante había aprendido bastante del fracaso a Setenil, de un asedio frustrado, no culminado, que obligó a la retirada del mismo. Los soldados desertaban por no cobrar en su momento y las bastidas, bajas respecto a la altura de la muralla, eran un desastre. Había estudiado los antecedentes acaecidos a los reyes anteriores que no habían podido hacerse con Antequera y trazó planes muy detenidos con su equipo. Él tenía claro que la conquista de Antequera era fundamental para sus ambiciones políticas de poder. No podía fracasar; se jugaba mucho.

Para lograr su objetivo tuvo en cuenta tener una infraestructura económica suficiente y un ejército bien preparado y suficiente en número, cuyo número de integrantes tenía claro. Debía ser un ejército muy leal, operativo y experimentado. También estudió poliorcética, es decir, el arte de atacar y defender murallas.

No había otro sistema que el de sitiar la ciudad, bombardeándola con bombardas, que disparaban piedras similares a esferas del tamaño balones de fútbol. Estas piedras eran previamente talladas por especialistas. Hay varias expuestas en la Torre del Homenaje, en el alcázar. Las bombardas eran el preludio de los cañones. Por otro lado, estaban los truenos, que disparaban recipientes llenos de pólvora y de alquitrán y que se llamaban así porque explosionaban al chocar con el blanco, con ruido de un trueno, produciendo incendios. Estos tenían menos potencia y alcance. Por otro lado, estaba el denominado fuego griego, disparado por los truenos para provocar incendios. Posteriormente a la toma de Antequera, el desarrollo de la artillería fue muy importante. Ya las cargas no eran de piedra en un caso y de pólvora en otro, sino que se mezclaba la pólvora con la metralla y se aumentó la potencia y el alcance de forma considerable. El desarrollo de la artillería fue el principio del fin de las murallas, porque los cañones destrozaban las mismas. La época a la que nos referimos supuso los inicios de la artillería, que estaba aún en estado embrionario. Con la artillería ya las murallas no tenían objeto.

El cerco era lento y costoso. La técnica de cerco y asedio rápido con máquinas —es decir, con torre de asedio— no se había hecho nunca en España hasta entonces. Solo se había probado en Setenil, pero con bastidas muy elementales, que volcaron y cayeron al suelo en un bache, en un pequeño hoyo que no pudieron superar.

Pensar en traspasar las murallas por debajo y minar sus cimientos o que se pudiese entrar con un túnel, aunque se referencia en diversos libros —alguno indica que se hizo en Antequera, pero que los sitiados lo detectaron—, creo que es descartable. No se alude en absoluto a este hecho en la crónica y para el caso de Antequera no se ve realizable, pues debajo de las murallas hay piedra caliza y los explosivos no estaban desarrollados. Las murallas alcanzan hasta 2,5 metros de espesor. Estaba previsto alcanzar los objetivos por otra vía. Hay muchas leyendas.

En la parte de la medina de la orilla del río tenemos el mismo. Una perforación que atraviese la muralla con un túnel es fácilmente detectable por la vigilancia de los sitiados, por el ruido, por el movimiento de personal, etc.

El infante, con tiempo suficiente, aproximadamente dos años antes, encargó dos bombardas y doce truenos en Sevilla. Tenía don Fernando su personal en Sevilla. Una oficina de contratación, en definitiva, que se encargaba de la gestión de fabricación de los encargos del infante y de presentarle a este las cuentas con detalle, con personal de su confianza. La contabilidad del aprovisionamiento se conserva en Sevilla con todo detalle: lo que costó el hierro, el cobre y los demás materiales para su fundición; lo que costó el arreglo de los hornos, que estaban desde hace tiempo sin utilizar; y el importe de los sueldos del personal, que es el capítulo más importante, que se reseña con detalle.

Las bombardas, aunque se hicieron dos, tuvieron el coste de casi tres porque una de las dos fundiciones de cañón salió mal y hubo que repetir la fundición. Una fue bautizada con el nombre de Santa María —por la Orden de Azucenas, encomendada a la misma— y la otra, con el de Virgen de Guadalupe. Aquí no había presupuestos y entrega llave en mano, sino compra de materiales y pago de sueldos. Difícil de predecir los costes, por consiguiente. En Antequera los musulmanes estaban bien protegidos: tenían una bombarda y cuatro truenos.

Otro material de guerra eran las máquinas de golpeo abrepuertas. Se trataba de una viga de madera con hierro en la punta, que se colgaba de cadenas sobre dos marcos para balancearla y lanzarla contra la puerta. El artilugio, evidentemente, se colocaba sobre fuertes ruedas metálicas. Por supuesto, las puertas de acceso de los alcázares tenían medidas de protección para defenderse y evitar ser atacadas por dichas máquinas. Las puertas de la ciudad estaban muy bien protegidas, razón por la cual difícilmente podría utilizarse el abrepuertas. Al acercarse, desde las almenas lanzaban aceite hirviendo y materiales inflamables como el alquitrán caliente, aparte de disparos de ballesta. Respecto a la Puerta de Málaga, para entrar los asaltantes tenían que hacerlo por un pasillo amurallado y eran atacados desde las almenas, algo casi imposible de superar. Había que abrirlas desde dentro. El pasillo de la entrada de la Puerta de Estepa fue derruido, así como la misma puerta, cuando se inició la construcción de la iglesia de Santa María.

Las principales armas que el infante preparó fueron una torre de asalto y dos bastidas. La torre de asalto disponía de ganchos en la parte superior para sujetar la misma a las almenas de la muralla y tener más estabilidad. La torre de asalto cuenta en su interior con unas amplias escaleras para que puedan subir cuatro personas simultáneamente. Dentro de la torre caben, entre los tres pisos, treinta personas. Lógicamente, va cerrada como medida de protección y sobre fuertes ruedas debido a su gran peso. Se trata de subir todas las personas muy rápidamente y que no puedan ser masacradas, como lo serían si entrasen lentamente, una a una.

Las bastidas son máquinas que también van sobre ruedas. Es una escalera alta en varios tramos y, encima, una habitación cerrada protegida, desde donde los ballesteros utilizan su arma, lanzando viratones desde cierta altura, la misma o casi que la altura de las almenas, con lo que es mucho más fácil dar al blanco que desde tierra. A esta habitación elevada se le llama baúl o arca. En el arca van cuatro ballesteros. Dos de ellos disparan y otros dos preparan otras ballestas para entregarlas, ya cargadas, a los dos que disparan.

Estas ballestas son de las llamadas de garrucha. Solo se puede cargar con el viratón mediante un artilugio. No son manuales y necesitan este artificio para cargarlas. Su potencia, igual que su alcance, es mucho mayor que la de las cargadas a mano. De hecho, atraviesan el escudo, la armadura y el cuerpo de una persona. Son mortíferas, letales.

La torre de asalto se conoce con muy diversos nombres. También se le llama bastida, si bien es una bastida muy evolucionada y reforzada. Es más habitual que se le llame grúa, escala o campanario, entre otros. Las torres de asalto no permiten ataques sorpresa, sus desplazamientos son lentos y necesitan un suelo allanado y firme. No pueden subir cuestas, tienen que desplazarse en terreno llano, muy firme y preparado. Por otro lado, se usaba una enorme barrera de madera —con tres metros de altura y unos treinta metros de ancho— sobre ruedas, un poco inclinada hacia atrás, para proteger a la tropa acercándose al castillo. A estas barreras se las llamaba mantos. Para el asalto a Antequera se construyeron dos.

La formación de asalto, pues, estaba integrada por la torre de asalto, a un lado; y al otro las dos barreras de protección de la tropa. Detrás de las mismas tropas y más atrás, dos truenos en cada barrera y finalmente, al lado externo de las barreras, una bastida a cada lado. Era un despliegue de impresión, todo ello rodeado de una parafernalia de trompetas y tambores, sonido de cuernos de guerra y gritos, pendones, cánticos y hogueras fuera del alcance de las flechas. Por supuesto, sin dejar de disparar las bombardas y los truenos.

La torre de asalto era más alta que la muralla y en la parte superior tenía, en vertical, un pasillo abatible, que se volcaba sobre la torre que se quisiera asaltar, quedando el mismo a guisa de puente desde la torre de asedio a la torre de la escala. Esta pasarela, que recibe al nombre de sambuca, se ponía en posición horizontal o bien inclinada hacia abajo mediante poleas. Dentro de la torre en su desplazamiento iban treinta personas, diez en cada piso, que después subían rápidamente para pasar a la torre asaltada. Detrás de los mantos había otras treinta personas preparadas para subir de inmediato y rápidamente una vez suban los de la torre.

El infante se había preparado bien, no había escatimado medios para llevar lo más moderno de la época en máquinas de guerra. La torre de asalto y las dos bastidas fueron encargadas por el infante don Fernando a Juan Gutiérrez, carpintero de Carmona que tenía experiencia, pues había vivido varios años en Portugal y allí había construido una torre de asalto un poco más elemental para el rey portugués. Con la experiencia diseñó una que fuese mejor de la que ya construyó, valiéndose también de la experiencia del infante y sus asesores. Se fue comprando y almacenando material en las atarazanas de Sevilla —lo que hoy podríamos llamar astilleros—. Los ejes principales vinieron de Ávila a Córdoba y de esta, por barco, a Sevilla. Así vinieron también maderas de muy distintos sitios, uno de ellos Huelva.

Se construyeron en el alcázar de Sevilla, en una nave que previamente se había hecho para tal fin. Una vez terminadas, se desmontaron y se almacenaron en la nave comentada, que se había construido dentro de los Reales Alcázares. No podían estar a la intemperie, tenían que estar protegidas. Se desmontaron para poder ser transportadas y después fueron de nuevo montadas en Antequera. Fueron transportadas desde Sevilla por carretas; quedaban perfectamente preparadas para su envío. Hacer una torre de estas características en aquellos tiempos no era cualquier cosa. Para salir del alcázar con carretas y material hubo que derruir un trozo de muralla muy cercano a la Puerta de Jerez, que ya se llamaba así en aquella época. Lo que no había hecho ningún ejército nunca lo hicieron sin problemas unos albañiles de Sevilla. Después el tramo de muralla se reconstruyó y permaneció tal cual hasta hoy.

La torre de asalto era muy pesada y alta. Iba sobre numerosas ruedas, muy resistentes obviamente, y para desplazarse necesitaba un terreno muy llano y consolidado. Las cuestas era imposible subirlas por su peso y por su altura, que hacían que, al inclinarse, se pudiese caer con alta probabilidad. Mover la torre tenía su arte y no era tarea fácil debido a la pesadez de la misma. Necesitaba tracción animal. El ganado iba delante en los últimos metros para situarla junto a la muralla. Era muy difícil; había que clavar fuertes vigas en el suelo para que, con maromas, el ganado tirara y anduviese la bastida en sentido inverso, mientras desde la muralla tiraban aceite hirviendo, lo cual se impedía en buena medida arrasando la muralla con los viratones o flechas de hierro lanzados por las ballestas.

Aunque las bastidas se protegían —al menos la parte delantera— con ladrillos para que no fuesen incendiadas, en el caso de Antequera era imposible su utilización. Fueron en alguna medida un fracaso para su fin inicial, pues las incendiaron. Desde la torre de asalto también se disparaba con ballestas. El personal para el asalto era muy escogido y feroz, hombres de los que no tienen compasión, rebanan el cuello o dan sablazos mortales a diestro y siniestro.

Preparar y compactar el suelo y rellenar el foso de protección de la muralla para poder pasar la torre de asalto y las dos bastidas era un trabajo muy arriesgado y difícil, ya que desde las murallas se disparaba con ballestas y con los truenos para impedir este trabajo. La gente se negaba a hacerlo. Para hacerlo más fácil se recurrió a barriles de madera llenos de piedras, a la protección con los «mantos» o barreras de madera y a que los nobles participaran y estuviesen rellenando el foso como unos más. El suelo tenía que tener la suficiente consistencia para aguantar el paso de la torre de asalto sin hundirse la piedra, la grava. Era fundamental un buen firme y que no pasara lo que en Setenil, en este caso con mucha más posibilidad al ser la torre de asalto muchísimo más pesada que la bastida comentada. En eso los asediados causaron más muertos que los asaltantes con sus ballestas. Se recurrió finalmente a poner encima tablones gruesos de madera cubiertos de cuero, firmemente asentados para que desde el castillo no los hicieran arder, y encima de ellos una capa de arena gruesa. La que tenía que llegar a la muralla era la torre de asalto; las bastidas quedaban un poco atrás. Su misión no era asaltar, sino dejar las almenas despejadas y sin personal, lanzando los viratones de hierro con sus ballestas a tal efecto. Tenían un incentivo económico por cada asaltado que matasen, llevando la contabilidad un noble de confianza, que supervisaba cada baja.

La torre se protegió para el asalto definitivo de septiembre con cuero. El cuero no arde —lo hace, pero mínimamente— y queda como una capa muy pequeña, carbonizada y de muy mal olor, como a cuerno quemado. Es un anticombustible adecuado.

El único sitio que hay en Antequera junto al alcázar y la *madina*, fuera del mismo, que sea llano es la plaza del Carmen y la zona donde está la iglesia del Carmen, que no es la plaza del Carmen. La torre de asalto y las bastidas se montaron en el lugar que después fue claustro de la iglesia del Carmen. La única cuesta no muy empinada para subir las carretas con las maderas es la que hay detrás la de la zona de la Moraleda. Allí se hizo el montaje mientras los asaltados, desde las almenas y el castillo, observaban la operación día tras día, con el consiguiente susto en el cuerpo. Era este punto un sitio donde llegaban los disparos de la bombarda, no de los truenos de la ciudad fortificada. Sobre todo, de los truenos que tienen menor alcance.

El fuego o incendio de la madera se combatía echando vinagre. Era el antifuego usado en la época con eficacia. Era la vez primera en España que se utilizaba una torre de asalto y también la última.

Sevilla floreció por su actividad industrial preparando el material bélico y el avituallamiento para la guerra. No todo, pero sí en alta medida, en servicio inicial y en otros posteriores.

La bombarda o cañón primitivo era un problemón grande para la torre de asalto y aquí hubo suerte, pues un disparo castellano dio en el blanco y destruyó la bombarda árabe. La torre de asalto hubiese tenido un final muy incierto. El artillero fue gratamente recompensado por el infante. Dentro del ejército del infante había buenos profesionales con experiencia. Este tuvo mucha puntería para con una bombarda destruir a otra. Se llevó una gran alegría el infante con este disparo certero, que no solo destruyó la bombarda nazarí, sino que mató a los que manipulaban la misma.

En Sevilla se preparó el material de guerra para la campaña de Antequera. La guerra contra Granada era una fuente de prestigio y una forma de alcanzar el poder, retomando con el infante los objetivos de Alfonso XI y sirviendo de inspiración a sus nietos, los Reyes Católicos. Sevilla contribuyó económicamente, militarmente y con aprovisionamientos, comprados por Castilla al que se le hizo el pedido. Todo se enardeció y precipitó con el ataque del rey de Granada a Alcaudete el 18 de febrero de 1408.

En Sevilla se vivía una frenética actividad, sobre todo desde el inicio de 1410. En 1409 la cosecha de trigo en Andalucía fue pésima. De todos los pertrechos fabricados en Sevilla hay abundante información: de los precios, de los materiales, de los salarios, la forma de almacenamiento, su transporte, etc.

En Sevilla se fabricaron:

- Dos bombardas (Santa Cruz y Santa María de Guadalupe).
- Doce truenos.
- Cien carretas y veinte carros.
- Reparación de hornos.
- Construcción de nave en el alcázar para la torre de asedio.
- Cuatro maromas de cáñamo para la torre de asedio.
- 100.000 viratones (flechas) acerados y amolados.
- Doscientas cajas para los viratones (quinientos de capacidad cada caja).
- Dieciséis barriles y diez pipas llenas de pólvora (total: 4.200 kilos de pólvora).
- Balas de fuego griego (alquitrán). Se pagaron 3.000 maravedís.

— 236 ballestas, de las cuales doscientas iban en cajas de cuarenta y seis serones (a seis ballestas).

Los 120 vehículos comprados no eran suficientes para transportar el material desde Sevilla a Granada. Se reseña que fueron más de trescientos los necesarios y que el resto hasta esa cifra fue contratado en Sevilla y en sus pueblos para hacer el transporte. Los comprados sí hicieron después varios viajes para suministros de trigo, cebada y diversos abastecimientos que se encargaban para la alimentación y demás necesidades de tan vasta tropa.

Lo más complicado fue transportar la torre de asalto y las dos bastidas, para lo cual hubo que comprar nueve ejes de olmo y fue necesario el trabajo de herreros y carpinteros. Para la grúa se llevaron 177 carretadas de madera y tornos para hacer descender la pasarela.

Optaron por la vía del asedio y que la sed y el hambre rindieran a los sitiados. Era lo que creían los musulmanes, aunque había un plan de ataque oculto, que consistía en:

— Ocupación de cerros periféricos.
— Que el enemigo no supiese que iba a ser atacado.
— No comunicar a los soldados el día del ataque para que no hubiese filtraciones y entrase en juego el factor sorpresa.
— Sugestión mítica-providencialista: muchos estandartes, banderas y símbolos divinos y marianos. La imagen de Santiago, la espada de San Fernando, traída en solem-

ne procesión, y el pendón de San Isidoro de León se mostraban como distintivos cristianos de la necesaria conquista.

— Aunque se preparó a fondo el factor sorpresa, lo cierto es que los antequeranos, con su red de espías e informadores, estaban al tanto de lo que se les venía encima.

— El infante don Fernando, en las guerras mantenidas anteriormente, como era muy joven, realmente se dejaba llevar por los asesores en contra de lo que el opinaba, pero tras el fracaso de Setenil y la conquista de plazas menores había aprendido la lección y tenía claro que debía escuchar a los asesores, pero que a él le correspondía tomar la decisión si la tenía clara.

— Él quería apoyos de Sevilla, que tuvo y concertó previamente.

— Tenía claro que la conquista tenía que ser la de Antequera, con fama de misión imposible.

— La propaganda castellana se encargó de ensalzar acciones heroicas, entre ellas la de los vasallos directos del infante.

Estableció el infante un nuevo modelo de entender las relaciones bélicas con Granada. Se desarrolló un nuevo sistema de guerra con la conquista de Antequera. Ya después, tres cuartos de siglo más tarde, los Reyes Católicos tomaron Ronda (1485), Loja (1486) y Málaga (1487).

El infante don Fernando tenía claros anhelos de poder y de proyección exterior. Él no podía acceder al trono de Castilla. Era duque de Peñafiel y señor de Medina del Campo al casarse con su tía Leonor de Alburquerque, señora de Haro —llamada la Rica Hembra—, y alcanzó la riqueza más alta después del rey. Su objetivo lo puso en llegar a ser rey de Aragón, paladín de la cristiandad peninsular. Antequera lleva en su escudo la jarra de azucenas y los antiguos símbolos del infante castellano. Fue la conquista más importante después de la de Algeciras, en 1344.

El infante pretendía lograr numerosos hitos históricos, de los cuales alcanzó muchos, pero su prematura muerte dejó su trayectoria cortada. Si hubiese vivido veinte o treinta años más, la historia de España seguramente hubiese sido distinta. Tenía una cabeza privilegiada. Hermano del rey de Castilla, posteriormente regente, junto con su cuñada, y rey de Aragón, era todo un personaje en la España del bajo medievo. Sus relaciones con la iglesia eran magníficas, con el papa Luna, con el arzobispo de Santiago y con el obispo de Palencia —en aquella época también estos dos últimos eran personajes guerreros—, siendo el obispo de Palencia su máximo colaborador. Igualmente, el arzobispo de Santiago era muy fiel al infante.

El infante don Fernando era el regente de Castilla hasta que su sobrino, el rey Juan II, alcanzara la mayoría de edad. Murió muy joven, a los 36 años, en Igualada. Estaba de paso en esa ciudad, donde se agravó su dolencia y falleció. Como regente de Castilla estaba triunfando. Hacía las cosas bien, era fiel a la Corona de Castilla y no intentó siquiera usurparla. Además, la nobleza y el clero lo apoyaban. Así que tenemos a un «general», como le llamaban sus soldados, con ganas de triunfo y con apoyos, joven y muy preparado. Fue abuelo de los Reyes Católicos. Se juntaban todos los mimbres para el cesto. El infante sabía bien que Yusuf III era muy pacífico y quería una paz sólida con Castilla, pero se lo puso bastante difícil con altos tributos y la obligación de rendir vasallaje al rey de Castilla. En definitiva, el infante no quería la paz, no quería acuerdo. Quería conquistar Antequera. La elección de Antequera para su conquista por el infante don Fernando obedecía a que quería un triunfo sonado, de una plaza muy difícil y fuerte, en un punto estratégico al situarse cerca de Granada. Realmente era una osadía, pues Antequera tenía fama de inexpugnable.

Sevilla pasó a manos cristianas en 1253. Luis González, mi excompañero de Marchena, me explicó el 13 de diciembre de 2019, dando un paseo turístico en barco por el Guadalquivir, aspectos sobre la historia de Sevilla, de la que es apasionado. Uno de ellos es la cadena que en tiempos de los árabes se ponía sobre el río para impedir la navegación. Era una época en la que el río era navegable hasta Córdoba, la cual tiene su puerto medieval. Por cierto, por barco de Córdoba a Sevilla vinieron los nueve largos y robustos mástiles de olmo, procedentes de Ávila, para las máquinas de guerra. Qué pena que el Guadalquivir ahora solo sea navegable hasta Sevilla.

Sábado, 26 de abril de 1410: Se inicia el asedio

Llegada de las tropas a Antequera. La caballería fundamentalmente acampó de forma provisional en la Vega —se estima que a dos kilómetros por la carretera de Córdoba— con tiendas desmontables y muchas banderas. La caballería, al ser todo llano, tenía fuerza imponente para combatir con los árabes en el lugar donde está ubicado el Hotel Finca Eslava y alrededores.

27 de abril

Hay que decir que del saqueo de las huertas cercanas obtenían víveres y pasaban a cuchillo o lanza a cualquier musulmán que se encontrasen como el tema más natural del mundo. Se estaba en guerra, no había piedad, era lo propio. Como el que va de cacería a matar animales. También se usaba como arma mortífera la jabalina.

El infante don Fernando, después de reconocer el terreno, señaló que el real se situase en la falda del cerro de la Cruz, concretamente donde está el mercado de abastos en la actualidad. La distribución del asentamiento la hicieron para que ocupase el mayor terreno posible. Llegaba a lo que hoy es calle Carrera, hasta donde están el Instituto Pedro Espinosa y el Colegio de la Victoria. En esta zona estaban fuera del alcance de la bombarda de los musulmanes, pero, por otro lado, desde el castillo los asediados podían ver todo el ejército perfectamente, lo cual psicológicamente influye bastante. Era una forma de amedrentarlos y que se diesen un poco por vencidos ya desde antes de empezar.

Se dispuso que en la cima de los cerros que están en la periferia de la fortaleza hubiese retenes de cierta importancia y bien visibles en cada uno de los cerros y alturas. Es decir, no una persona, sino treinta o cuarenta las veinticuatro horas del día. Esto, de alguna forma, intimidaba a los habitantes de Antequera. Era la señal inequívoca para decir a los árabes que lo tenían crudo a pesar de su alcazaba bien protegida. Desde los cerros se hacían señales de uno a otro y se vigilaba la posible llegada de refuerzos árabes para ayudar a los sitiados. Era probable que ello sucediese. No podía ser de otra manera. Se esperaba que el cerco pudiese ser roto con refuerzos que recibieran los mahometanos, fundamentalmente desde Granada

El infante don Fernando era, sin duda, un buen estratega y una persona bastante organizada tanto en su regencia como cuando fue rey de Aragón, donde actúo como buen estadista.

El real castellano se sitúo en dos campamentos, uno en el lugar ya comentado y el otro campamento al otro lado del castillo, en el otro extremo y un poco más alejado debido al propio terreno ondulado, al pie de la sierra del Torcal, salvando las lomas que hay por medio y ubicado por donde pasa la carretera que va a Villanueva de la Concepción, en el sitio conocido como Boca del Asno y donde había una mezquita pequeña, que los lugareños llamaban de la Rábita. Este lugar en línea recta está a una legua de Antequera (5,5 kilómetros).

En el campamento de la sierra se situaron seiscientos jinetes con sus lanzas y 2.000 hombres a pie, comandados por don Sancho de Rojas, obispo de Palencia, que era la mano derecha del infante, al que le acompañaban diversos nobles, tales como Diego Fernández de Quiñónez, Juan Hurtado de Mendoza y

Alonso Tenorio. El infante pretendía así que el ejército que vendría de Granada no se atrincherara en la sierra y pudiesen quedar a un lado los cristianos y a otro los moros, pues de esta forma estos últimos podían entrar en la medina y salir de ella y el cerco no hubiese sido posible.

Al día siguiente envió otras cuatrocientas lanzas y 3.000 hombres a pie para completar el campamento de la sierra. Habían visto que era necesario que el campamento de la sierra estuviese bien preparado. Por ahí la entrada del enemigo era más factible, ya que tenía más protección y menos visibilidad y el personal enviado primeramente era claramente insuficiente. El infante y sus guardias en esos días dieron varios paseos a caballo por todo el exterior de Antequera para hacerse una idea clara del entorno circundante. Fue un reconocimiento profundo del terreno acompañado de parte de su equipo.

Empezaron los preparativos para el cerco y el asedio posterior. El real, el principal, estaba situado a los pies del castillo, pero a distancia adecuada. Era el cuartel general y donde estaba el infante. El campamento estaba diseñado para ocupar una gran extensión, para que pareciese más importante de lo que realmente era, con cierto alarde publicitario de pendones, situados lo más alto posible; gran despliegue de tiendas de campaña y perfectamente estructurado en cuanto a almacenes y custodia de aprovisionamientos y de material de guerra. Había cuadras para caballos debidamente cubiertas, cocinas, mesas amplias de comedor, turnos de guardia en casetas elevadas preparadas para ello y se compactó el suelo para evitar polvo en lo posible. También había agua cerca y a mano para caballos y personal, corrales para los animales domésticos —ovejas, vacas y cerdos, que eran debidamente cuidados para después utilizarlos como alimento—, aparte de una zona cercada para los caballos de guerra, que no estaban dispuestos todos juntos. Asimismo, se dispuso un área un poco alejada y resguardada para estiércoles y detritus. Había personal de vigilancia, de limpieza, tiendas de campaña, entre ellas las de las jerarquías, sin identificar las mismas. Mediante esquemas y planos previstos de antemano y muy estudiados, en reuniones periódicas del alto mando, del consejo de guerra, se fijaba la siguiente acción y su ubicación. La instalación no era cosa de un día, requería su tiempo, aunque se funcionaba muy aprisa. Todo estaba planificado. Era, en definitiva, una ciudad bien organizada, que se observaba perfectamente desde lo alto de las murallas del castillo y tenía un mensaje subliminal: reseñar o mostrar que había organización y fortaleza, que los sitiados lo tenían todo perdido y que venían para quedarse todo el tiempo necesario. En definitiva, una guerra también psicológica para amedrentar y debilitar al enemigo. Además, ante posibles negociaciones con los musulmanes dentro del recinto, los mismos deberían quedar impresionados de la fuerza de su ejército.

En el ataque a varias poblaciones tres años antes en la sierra de Cádiz, el infante se había dejado llevar por sus asesores —actuaba en buena medida según le recomendaban estos—, pero en este tiempo había madurado y estudiado alternativas. Escuchaba, pero si las razones no eran de tremendo peso, que él viese claro, el camino que seguía no era el de sus asesores, sino sus conclusiones ante cada situación. Como buen líder, después de analizar las diferentes propuestas pensaba: «Si me equivoco, será por mis propias decisiones».

Cuando llegó a Antequera, el infante tenía mucha información de la *madina*, de su ubicación y de sus habitantes y su plan de ataque ya confeccionado. Él coordinaba de forma más o menos personal la distribución del campamento. En consecuencia, era un mensaje no escrito para los asediados: «Hagáis lo que hagáis, Antequera será conquistada». El territorio del campamento a los pies del Torcal, al otro lado de la ciudad, estaba encomendado al obispo de Palencia, que era la persona más cercana a él, la persona de más confianza, con la que se entendía perfectamente. El número dos, en definitiva.

Las fuerzas cristianas, una vez se completara el contingente, alcanzarían un total de 15.000, aproximadamente. Faltaban algo menos de 1.500 personas por llegar desde Sevilla, junto con las carretas de provisiones, para llegar a este número.

En los trabajos de riesgo tenía que ir también con ellos la nobleza. Esto era fundamental. El riesgo era para todos, era una norma de comportamiento. La experiencia era grande en todos estos temas de guerrear. No podías enviar a los soldados y que los jefes quedaran en retaguardia, sin peligro o con mínimo peligro. Ibas a la guerra o no, ello era una opción, pero si ibas lo era con todas sus consecuencias y el regreso era incierto.

Ya estamos situados: los nazaríes en su *madina* y alcazaba, empezando a ser asediados. Esta situación no era inesperada para los antequeranos, que sabían que había de llegar y llevaban preparándose muchos años, cada día mejor, y estudiando de forma continua las acciones que tomar durante el asedio y su defensa. Ya en aquellos tiempos también se hacían simulacros. No es nuevo lo de los simulacros aunque parezca que es un avance de la sociedad moderna.

Numerosos nobles integraban el ejército castellano y llevaban a sus soldados. En algunos casos financiaban con cantidades concretas, si bien había un mando único con el infante don Fernando, hermano que fue del rey Enrique III el Doliente y, probablemente, el personaje más rico y poderoso del Reino de Castilla. La participación de los nobles se debía a muchas circunstancias —afán aventurero, por ejemplo—, pero, sobre todo, participar respondía a su deseo de, en caso de victoria, tener ventajas por parte de la Corona como son la asignación de terrenos o el cobro de impuestos y arrendamientos, aparte del aumento de prestigio. El rey, en buena medida, se apoyaba en ellos, en la nobleza, como organizadores del reino por comarcas. No había una estructura del Estado debidamente organizada a nivel de todo el reino. La organización la impartía en cada zona la nobleza en alta medida.

Las ideas estaban claras: se consideraba como nítido y cierto que vendría un ejército nazarí de Granada para luchar contra ellos. Era obvio que no iban a dejar a los antequeranos a su suerte. Eso no podía ser. Se sabía que, al tener el ejército el infante dividido en dos bloques, era más vulnerable que uno compacto, pero esta división era necesaria para que no entrase en el alcázar el ejército de salvación por uno de los polos. Era fundamental la defensa de las puertas.

Había que establecer un sistema de comunicación, de tal forma que cuando llegase el ejército nazarí de refuerzo pudiese la parte no afectada llegar pronto a reforzar a la otra en la batalla. Era un tema bastante claro: había que dejar la puerta debidamente guardada para que no saliese el ejército de la alcazaba a reforzar o ayudar al de Granada. El plan había sido desarrollado previamente con meticulosidad.

Ni que decir tiene que de inmediato se siguieron saqueando los huertos situados alrededor, los molinos de harina y, en fin, todo lo que se encontraba, robando el ganado, matando a los pocos que no se habían refugiado en el castillo o huido a Archidona. Una labor de devastación, de eliminación de enemigos y de saqueo para la alimentación de la tropa y como parte del pago a la misma.

Dentro de las fuerzas de combate, había «adivinos consultores» y «rastreadores». En definitiva, diversas especialidades. Mucho tiempo atrás se habían hecho listas de las profesiones y del número de personas a las que contratar para atender las diferentes tareas de los dos campamentos, situados uno al sur y otro al norte de Antequera. Era cosa de consultar de vez en cuando a los adivinadores.

Como el material de guerra era pesado y necesitaba muchas carretas y carros ya comprados, pero que había que cargar, el infante había ordenado apenas terminó la reunión de Córdoba que se cargasen y saliesen con urgencia para Antequera con sus bueyes y viniesen con tiempo para que cuando el infante estuviese en Antequera llegasen casi de inmediato. Hay que tener en cuenta que solo el desplazamiento en carretas de Sevilla a Antequera suponía siete días, aparte de la preparación de la carga. Con dicho material también venía un importante contingente de tropas contratadas en Sevilla y en los pueblos para diferentes funciones. Por mucha prisa que se dieron, no salió la caravana de Sevilla. El material llegó a Antequera el 12 de mayo, con la torre de asalto y las dos bastidas lógicamente desarmadas y que había que montar, entre otros muchos enseres y material de guerra.

4 de mayo

El ejército granadino llegó a Archidona dirigido por dos infantes, hermanos del rey de Granada, Yusuf III. Montaron el campamento cerca de la población. Era domingo por la tarde, un día primaveral espléndido, un bonito cielo al filo evidente de una batalla con pérdidas humanas sin duda importantes. Yusuf III, en vida de su hermano Mohamed VII, estaba preso por su hermano en la alcazaba de Salobreña, en la costa granadina. Al sentirse enfermo este último, dio orden de que matasen a Yusuf para que de esta forma pudiera heredar el trono su hijo. Según cuenta la historia, Yusuf, que era un consumado ajedrecista, pidió que le dejasen terminar una partida de ajedrez en la que estaba inmerso, pero antes de terminarla vinieron a informarle de que su hermano había fallecido y, por tanto, él era proclamado emir.

Yusuf III tenía una naturaleza muy pacífica. Era todo lo contrario de su hermano, fallecido en 1408, que era belicoso y buscaba la guerra con los cristianos. Con Yusuf III el reino nazarí vivió una época de paz hasta que falleció en 1423. No obstante, en cuanto tuvo noticias sobre la marcha no tuvo otra opción que declarar la guerra santa contra los cristianos. Trompetas, rezos y cánticos resonaron en todas las mezquitas del reino, así como el profundo sonido de los cuernos, soplados por guerreros, llamando a la población a la guerra. Se reforzó el ejército mediante contrataciones con toda urgencia, se le entregaron armas, las prisas y el nerviosismo eran patentes. Corazones acelerados, incertidumbres, urgencias, preparación día y noche del ejército para salir urgentemente para Antequera. Los nazaríes tenían también su esquema de información potente y supieron de inmediato que iba para Antequera el ejército castellano. Cuando salió de Córdoba y desde antes estaban al acecho y haciendo preparativos ante la que se les venía encima. El ejército de Granada tardó dos días en llegar a Archidona. Las fuerzas se preparaban para la batalla. En los dos campamentos castellanos de Antequera se estaba al día de los movimientos del ejército musulmán. El encontronazo entre el ejército castellano y el nazarí era inminente. Se mascaba la tragedia.

5 de mayo

El ejército nazarí salió al amanecer de Archidona y transitó por los llanos de las actuales Villanueva del Trabuco y Villanueva del Rosario, por lo que hoy es la autovía Granada-Málaga, a los pies de la sierra del Torcal. Situó su campamento cercano al castellano. Desde un campamento se veía el otro un tanto lejano. La mayor parte de los nazaríes no estaban en el campamento, sino dispersos en la sierra. Su campamento era, en definitiva, más pequeño, más ligero, menos ostentoso. Se dice que el ejército moro era muy poderoso, con 5.000 caballos y 8.000 peones, pero tengo mis dudas. Se supone que el número que se menciona en las informaciones castellanas era más alto que el real para que así la gesta de ganar la batalla fuese más importante. En general estaba peor preparado que el castellano, con menos rodaje y menos entrenamiento para estos menesteres, pero también era bastante numeroso, parece que similar al castellano.

Hubo escaramuzas ese mismo día. Cristianos a caballo fueron a ver qué estaban haciendo los nazaríes en la instalación de su campamento y los granadinos hicieron lo mismo. En el camino se encontraron y lucharon, con numerosos muertos de uno y otro bando.

Se reunió al anochecer la plana mayor nazarí. Habían vuelto los soldados de vigilancia con sus muertos encima de los caballos, en un triste recorrido. Lo mismo por la parte castellana. Los granadinos, reunidos junto a una fogata, con su guardia cercana, hablaban y razonaban. Se decidió que la mejor solución era atacar de inmediato, al día siguiente por la mañana. Entendían que los cristianos creerían que necesitarían unos días para terminar de organizar el campamento y descansar. Atacando al día siguiente por la mañana, la iniciativa sería de ellos, lo que es un factor importante. Por otro lado, el factor sorpresa jugaría a su favor. Sería una batalla inmediata, una batalla sorpresiva. Aparte, sabían que días después los castellanos recibirían refuerzos desde Sevilla. Se puso en silencio y en alerta a toda la tropa, la del campamento y la apostada en la sierra. No habrá tambores ni cornetas por la mañana temprano. Al filo del alba, en el mayor silencio posible, irán a atacar el campamento cristiano, a arrasarlo, a matar a los castellanos en su propio campamento.

6 de mayo: La Batalla de Boca del Asno

Un día importante que quedó marcado en la historia. Los nazaríes sabían perfectamente que el campamento cristiano no tenía protección o que esta era mínima. Habían construido los castellanos un promontorio de tierra a su alrededor, que no tenía más de un metro y medio de alto y que podía ser rebasado muy fácilmente con los caballos. En algunos puntos, en vez de tierra, eran troncos de árboles los situados como peto o baliza.

El campamento cristiano estaba dirigido por el obispo de Palencia, una persona terriblemente planificadora y un magnífico estratega. Sin duda, la persona que más influía en el infante don Fernando y su valido, su maestro. Haber ganado la batalla, en buena medida, se debe al obispo.

Desde que llegaron los nazaríes —y antes de llegar— un servicio de vigilancia castellano seguía todos sus movimientos. Se estaba en guerra y cualquier cosa podía pasar. La información debía ser continuada, amplia y eficaz. Durante toda la noche se recibió información de movimientos en el campamento musulmán y en el personal situado en la sierra. El obispo y sus nobles, que le acompañan, se pusieron a pensar qué harían si estuvieran en el lugar de los granadinos y, a medida que fue avanzando la noche, tuvieron más claro que el ataque sería probablemente al amanecer. A tal efecto colocaron a su ejército: si había ataque, no habría factor sorpresa. Cuando al amanecer el ejército árabe arrancó, el cristiano le aguardaba con sus ballestas y detrás la caballería.

Los guerreros de uno y otro bando disponían de armas similares. Las espadas de los musulmanes eran curvas y las de los cristianos, planas. Algunos soldados llevaban mazas con pinchos, que enarbolaban al aire, girando las mismas con una cadena. Los alabarderos, con sus lanzas, iban a pie y a caballo. Los de a pie son los más habituales. Desde el suelo, con lanzas hacia arriba, se mataba a los caballos, se destruía en buena medida la caballería, que tenía que andar con mucho cuidado para evitarlo. Las hachas de guerra eran temibles. Se trataba de matar lo antes y lo más rápido posible, antes de que lo hicieran contigo. Los jinetes arqueros habían tomado mucho interés en aquellos tiempos para que dispararan flechas con precisión desde encima del caballo. Las flechas las llevaban en un cilindro colgado al hombro izquierdo para poder ser tomadas con la mano derecha. Había arqueros con una velocidad increíble entre disparo y disparo. Los soldados de a pie eran básicamente lanceros y ballesteros, con personal de intendencia para entregarles suministros de forma continuada.

Las ballestas que disparaban flechas de hierro hacían estragos entre las huestes árabes a caballo y a pie. Numerosos jinetes lograron entrar en el campamento cristiano, donde fueron atacados por jinetes castellanos y por lanceros a pie. Esto contuvo el cuerpo a cuerpo, lo retrasó; en definitiva, se formó un cerco árabe alrededor del campamento cristiano para que no hubiera escape. Se lanzaron flechas incendiarias contra las tiendas de los castellanos y la batalla poco a poco se fue enconando y ganando por los musulmanes. Cada vez entraban más caballos al recinto castellano, con sus sables haciendo estragos.

Los soldados de uno y otro lado estaban provistos de cota de malla, la cual era pesada, del orden de quince o veinte kilos. Los de a caballo llevaban brafonera, es decir, una cota de malla que protege las piernas; y almófar o cota de malla para la cabeza. Antes de la misma se ponían un gorro de lana. Otros llevaban yelmo o casco metálico con su nombre grabado para que no se perdiera, lo mismo que las cotas.

Alonso Gutiérrez, un soldado del ejército castellano natural de Utrera, notó un golpe helado en su brazo derecho, un poco por debajo del hombro. Sin dolor alguno, se miró el brazo y vio con horror que el mismo estaba en el suelo, a un metro o más de él. Quedó paralizado por el pánico, sintió un dolor en la espalda y vio que le aparecía en el pecho la punta de un viratón, que lo había atravesado.

Juan Adalid daba mandobles con su espada de forma desesperada y, sin apreciar esfuerzo, vio cómo la cabeza de un árabe que tenía delante salía disparada del cuerpo mientras el soldado enemigo, ya sin fuerza, movía lentamente la espada aun descabezado, al tiempo que iba cayendo al suelo en redondo.

Las escenas de horror fueron terribles: gritos, sonido de acero al golpear entre sí, maldiciones, llantos y lloros de moribundos en el suelo. En el suelo había además caballos muertos, caballos destripados y caballos heridos con relinchos de dolor. Los frailes —los *frater*— daban la extremaunción a los heridos graves, buscando que los moribundos se arreglasen con Dios.

En general, todos llevaban espada y daga, menos los ballesteros, que solo portaban la daga y la ballesta. Matar a hombres y animales o morir; se trata de eso. Gana quien mate más.

En el campamento castellano de Antequera se iban conociendo los datos con premura y, apenas empezó la invasión nazarí, se aprestó de forma urgente el ejército del campamento de Antequera para ir a la batalla de Boca del Asno. Se llama así la zona por haber una cueva cuya entrada parece la boca de este équido.

Las fuerzas del campamento de Antequera iban de refresco, nerviosas por entrar en acción, con los corazones agitados. Había llegado el momento de la verdad, de ganar o de morir, como es debido. La formación de jinetes, que se adelantó a la de a pie, llevaba la formación en forma de cuña y la de a pie iba en formaciones rectangulares. No se oía en el castillo la voz del almuédano llamando a la oración con el fragor y el ruido de la preparación urgente para la salida de socorro. Sabían que no podían perder un minuto.

Llegaron a su destino cuando se iniciaba la tarde y la batalla estaba ya muy avanzada y en favor de los granadinos. El refuerzo hizo cambiar el panorama de forma total y radical.

Cuando los nazaríes estaban muy cansados, pero ya próximos a ganar la batalla, doblegando las tropas castellanas, aparecieron los refuerzos de estos últimos en gran cantidad.

Desde lo alto de sus monturas, los jinetes castellanos daban sablazos sin compasión a personas y a caballos, con fiereza, sin contemplación alguna, a diestro y siniestro. Se oían gritos tremendos de unos y otros, de luchadores y heridos. También había soldados con lanzas, a caballo y a pie, y los ballesteros. Las tropas moras, ya mermadas y cansadas, vieron que no podían contener esa avalancha, que era imposible. De pronto, con los refuerzos, estaban en minoría y agotados ante mesnadas profesionalizadas. La sangre de muchos se mezcló con la que llevaban impregnada de otros, las bajas se sucedían de forma alarmante ante los espadazos y comenzó la huida. Dejaron atrás su armamento, lo tiraron, se olvidaron de todo y salieron corriendo, quitándose las pesadas cotas de malla. Se trataba de poner tierra de por medio, de esconderse y de salvar la vida. Se olvidaron de su campamento, de sus enseres y de otras ropas, se olvidaron de todo. Ahora se trataba de huir y procurar, si era posible, salvar la vida. Huyeron despavoridos y marcharon lo más rápido posible en dirección a Archidona. La batalla había cambiado de signo: la victoria era castellana.

El infante observaba desde lejos, acompañado de su guardia y de un fuerte retén, la contienda, la terrible batalla campal, y su corazón sonreía y se alborozaba ante lo que había sucedido. Entre los que huían estaban los dos infantes Sidi Alí y Sidi Ahmed, hermanos del rey Yusuf III.

Cuando el ejército nazarí salió en huida, el cristiano no lo siguió, sino que se dedicó a saquear a los muertos y rematar a los heridos. Mataron a todos y con los cadáveres desnudos hicieron posteriormente un montón y los quemaron, porque es costumbre mora volver por los cadáveres. No hace falta mucha leña para quemar a los muertos porque la misma grasa de las personas facilita la combustión. Los cuerpos eran acercados al montón con ganchos, arrastrando los cadáveres por el suelo. Los jinetes hacían este trabajo.

Si se hubiese perseguido al enemigo, las bajas de este y el desastre para los granadinos hubiese sido tremendo. Difícilmente se hubiesen repuesto. Perdieron esta gran oportunidad, pero lo tenían claro: ellos habían venido a hacer fortuna y era mucho más rentable dedicarse al saqueo. Gran parte del ejército era a lo que había venido en alta medida. Si los hubiesen perseguido, los listos que no lo hubiesen hecho se habrían repartido entre menos el botín. Entre los soldados se repartía lo obtenido. Les interesaba más el botín que perseguir a los que huían para tener una victoria más destacable y, por supuesto, arrasar el campamento y retirar las cosas de valor, incendiando las no útiles. Los caballos capturados eran vendidos y se miraba entre los muertos si llevaban anillos o cualquier otra sortija. También se les desnudaba para vender o utilizar sus ropas.

La desesperanza cundió entre los antequeranos sitiados. Esperaban que las tropas granadinas se reorganizaran y volvieran, pero nunca llegó a Antequera más auxilio militar de Granada. El comendador mayor de León había puesto cerco a Antequera para evitar salir a tropas que pudieran reforzar a los granadinos en la batalla.

Fue memorable esta batalla para los castellanos y totalmente decisiva para la conquista de la ciudad. Los cronistas cristianos indican que los granadinos habían perdido 30.000 hombres y ellos 125. En fin, propaganda propia de las guerras. Antequera quedó sin más ayuda por el momento. Era cuestión asaltarla pronto, antes de que pudiese recibir nuevos contingentes desde Granada. Además, había prisa. El coste del asedio y de las tropas era alto por causas variadas y había prisa en conquistar Antequera muy pronto. En la batalla de Boca del Asno calculo que podrían morir quizá 2.000 efectivos de las tropas moras y 1.400 de las castellanas. Todos, sin excepción, quemados en montones diferentes, según la religión profesada, y junto a los caballos muertos.

Ahora el ejército moro tenía que volver a Granada, ver de reforzarse, organizarse y volver lo antes posible en ayuda de la Antequera cercada. Habían recibido un tremendo varapalo. Muchos soldados no volverían jamás a sus casas ni se sabría jamás de ellos. Lo sufrirían sus familias. Y lo mismo ocurría por la parte castellana.

La victoria en dicha batalla fue celebrada en toda España y casi en toda la cristiandad, sonando las campanas de las iglesias y haciéndose misas y fiestas en todos los rincones de la Península y muchos del extranjero. No así por los sitiados del castillo, alborozados y contentos desde las almenas cuando llegó el ejército de Granada y ahora tristes y contritos ante la pérdida de la batalla y con un porvenir oscuro e incierto, en el que pensaban que las probabilidades de morir eran muy altas, embargándoles altas dosis de miedo, incertidumbre y angustia. En los asedios había dos salidas. Una era la rendición, pactando seguir vivos; la otra, si la misma no se hacía o no se aceptaba, era la muerte de todos, sin excepción. Son las costumbres de la guerra.

Pero la historia no había acabado. Antequera estaba dispuesta a defenderse tenazmente, reforzando las partes débiles del perímetro. El sultán Yusuf III optó por la vía diplomática. Un gran ejército y otra nueva gran batalla eran un riesgo muy alto. Si la perdían era tanto como perder la totalidad del reino nazarí y dejar Granada desamparada. Así que envió a su mejor negociador al campamento del infante una y otra vez, pero, en definitiva, los requisitos del infante no eran asumibles. De alguna forma, el infante le hacía perder el tiempo, proponiendo acuerdos inviables. En vez de decir que no le decía que sí, pero con condiciones inasumibles. El infante tenía claro que no iba a renunciar a la conquista de Antequera. Estaba comprometido.

10 de mayo

Llegó escrito del rey Yusuf III pidiendo llegar a un acuerdo de paz, que fue rechazado, diciendo de entrada que fuese el rey Yusuf a negociar a Antequera. El negociador nazarí era Caíd Alamín. Entraba al campamento sin cortapisas y sus visitas no pararon, ni durante el asedio ni posteriormente, hasta que finalmente en Sevilla se firmó el pacto de no agresión durante dieciocho meses. Las reuniones con el infante eran largas.

Salió también una serie de soldados moros ese día a caballo por la Puerta de Estepa en busca de unos soldados cristianos que andaban cerca, entrando en combate con ellos y muriendo unos cuantos de ambos lados, no se sabe el número. Los cristianos se veían también acosados por las ballestas desde la muralla, lo que aumentaba las bajas.

Se recibió en estos días ofrecimiento de ayuda por parte del primogénito del hermano del rey de Francia y otros grandes señores franceses. El infante mandó a un embajador a Francia para agradecérselo, pero indicando que tenía previsto ganar Antequera con personas del reino y no con ayuda extranjera, que así lo tenía previsto y que se lo agradecía mucho. Esto suena bonito. Más adelante, el infante don Fernando aceptó la ayuda, que nunca vino. Esta parte se cuenta menos. Antes de partir de Francia al sur de España para una guerra, los franceses se lo pensaron y, uno por otro, todos tuvieron una razón para no venir.

12 de mayo

Por fin llegaron desde Sevilla más de trescientas carretas y 1.200 hombres con la célebre torre de asalto, las bastidas laterales y demás pertrechos de guerra y abastecimientos varios. Era un día importante, un día esperado. Habían venido solo en cinco días, marchando casi día y noche. Llegaba por fin a Antequera el material de guerra preparado y almacenado en Sevilla. A pesar de que habían venido a marchas forzadas y de la mucha prisa que se había dado el encargado de ello, Fernán Rodríguez de Monroy —recibido por el infante con mucha alegría—, llegaron después de la batalla de Boca del Asno. De inmediato se inició el montaje de las mismas ante los ojos atónitos de los sitiados, que seguían el montaje minuto a minuto. El obstáculo era conocido: cegar el foso de protección, hoy inexistente, era un problema, pues desde las murallas, con las ballestas, se impedía esta operación.

Había que trabajar en un doble frente para ahorrar fechas. Por un lado, el montaje o ensamblado mencionado de la torre de asalto y las dos bastidas. De otro lado, cegar el foso para que pudieran pasar las mismas. Se utilizaron en cierto volumen barriles de madera rellenos de piedras y arena, que se tiraban al foso. Los operarios se tapaban de las flechas disparadas desde las murallas mediante dos enormes barreras de madera o mantos verticales sobre ruedas, un poco inclinadas hacia atrás en el sentido de marcha. Desde lo alto de las dos bastidas ballesteros atacaban disparando viratones —flechas de hierro— a quien osaba asomarse en la muralla. Los ballesteros cristianos situados en las bastidas eran muy expertos y precisos. Muchos musulmanes fueron muertos en las almenas.

El montaje de la torre de asalto y de las bastidas fue complicado; no había taller o nave con medios mecánicos adecuados. Al infante le preocupaba que un suelo no firme hiciera que las ruedas de la torre se clavasen en el mismo, incluso que volcase la misma. Quedar clavada la torre supondría un alto riesgo de ser atacada por los asediados e incendiada. Había un *stock* de vinagre importante como producto antiincendios, además de servir para desinfectar heridas. Por otra parte, los cañones primitivos se llaman bombardas. No había tecnología suficiente para hacer un cañón. Cegar una parte del foso era complicado, producía muchas bajas. Tuvieron que estar presentes y colaborar los nobles. Se protegían todos con unas «mantas» para estar protegidos de las flechas. Detrás de las protecciones se situaba el personal.

Cuando los sitiados vieron tal despliegue se decidieron a salir para prender fuego a los tableros de gruesa madera o mantas y consiguieron que ardiera un manto. Ese mismo día intentaron quemar otro, que estaba defendido por Carlos de Arellano, que logró evitarlo. La de la mañana, que era del personal de Lorenzo Suárez de Figueroa, no la incendiaron.

Desde las partes más altas de la medina, no alcanzables por las flechas, los sitiados observaban con atención y miedo que el montaje de las máquinas de guerra avanzaba día a día. Estaba bien definido y era conocido por ambas partes el punto del asalto, entre otras cosas. No había otra opción.

El día del asalto se fijó para el 24 de junio, día de San Juan para conocimiento de todos, entre ellos de los sitiados con su red de información. El tiempo transcurrido desde el 12 de mayo al 24 junio se necesitó para montar la torre y las bastidas, cegar el foso en la parte prevista para la torre, por la que se iba a efectuar el asalto, y allanar el camino para hacer llegar las máquinas de guerra a la muralla. Eran trabajos muy manuales, se requería mucho personal y se produjeron numerosas muertes. El suelo tenía que estar muy firme para que el pesado material pudiese desplazarse y no quedase clavado y anclado en el mismo.

El infante mandó que la torre de asalto se situase más cerca de la torre que se iba a asaltar, encomendando esta tarea al condestable Rui López Dávalos, pero ocurrió que una vez armada se le rompió un pie, lo que provocó el enojo del infante. Tuvieron que separarla y proceder a su arreglo, poniendo tablas en el suelo para arrastrarla y poderla transportar. Hubo que allanar el camino entre las máquinas de guerra y la muralla, además de preparar este por donde las mismas habían de pasar para acercarse a la muralla. Esto fue inspeccionado por Fernán Rodríguez de Monroy con su gente.

La torre de asalto se situó cerca de la torre que se iba a conquistar, que se llamaría en el futuro Torre de la Escala. Ya habían situado antes las bastidas o habitaciones altas de madera con sus ballesteros, siendo responsables García Fernández Manrique, señor de Aguilar; Carlos Arellano, señor de los Cameros; Álvaro, su camarero, y Rodrigo de Narváez. Todo un equipo conjunto.

En el castillo había una bombarda con la que mataban y herían todos los días a cristianos, tanto caballeros como peones, los cuales intentaban defenderse de los tiros de pólvora. En buena medida lo conseguían, pero con los tiros de la lombarda era imposible de contrarrestar. El bombardero cristiano, que tenía a su cargo las dos bombardas del ejército, se llamaba Jacomín Alemán y con la bombarda llamada Santa Cruz disparó con tal acierto que dio en la bombarda mora, destruyéndola. También podía haber ocurrido lo contrario. Esto alegró mucho al infante, que lo recompensó ampliamente. Fue una magnífica noticia, pues si un proyectil musulmán hubiera acertado en la torre de asalto habría sido catastrófico, un muy grave problema.

31 de mayo

Martín I el Humano, rey de Aragón, falleció de forma repentina. Padecía una tremenda obesidad. El monarca falleció sin reseñar quién sería su heredero. Era complicado y se presentaron seis aspirantes. Dos años después, el 28 de junio de 1412, San Vicente Ferrer leyó la sentencia del jurado, siendo elegido don Fernando, infante de Castilla, que era hijo de Juana, la hermana de Martín I. Era, pues, sobrino del fallecido rey de Aragón.

El infante don Fernando sabía que la sucesión del Reino de Aragón estaba designada a un jurado formado por miembros muy reconocidos y quería hacer méritos para alcanzar dicho trono, lo cual tiene mucho que ver con la conquista de Antequera, a la cual en aquellos tiempos se la consideraba un baluarte inexpugnable.

El fallecimiento de Martín I sorprendió al infante don Fernando, que no esperaba que se produjese tan pronto, y reseñó que presentaría su candidatura inmediatamente, en cuanto terminase la toma de Antequera. Así lo hizo desde Sevilla y ejerció todas las influencias posibles para que el jurado se decantase por su persona, pues la sucesión no estaba nada clara y había quien tendría más derechos de parentesco que el infante, de ahí que considerase fundamental la toma de Antequera para poder tener opciones destacables de heredar el trono de Aragón, como así fue.

Entre las figuras más destacadas que competían con él por el trono estaban el duque de Gandía, el conde de Urgel, el marqués de Villena y el hijo de Luis, rey de Nápoles. El infante documentó su petición de acceso al trono en Sevilla a su regreso de Antequera y después de su entrada triunfal en la capital hispalense. El infante tenía previsto terminar la conquista de Antequera antes de finalizar junio.

24 de junio

Día de San Juan. Para esta jornada estaba previsto el asalto, pero hubo que dejarlo debido a un fuerte vendaval. Fue elegido el día de San Juan Bautista porque la batalla de Boca del Asno se había ganado el día 12, día de San Juan Evangelista, y pensaban que era una llamada del cielo. O al menos así pensaban que podría haber sido.

Viernes, 26 de junio: Día del Desastre Castellano

Después del día de San Juan, en el cual se pudo hacer el asalto debido al temporal de viento, se ordenó el grupo cerca de la torre que se iba a asaltar, a la que llamaron torre de la escala por ser la que estaba prevista para el asalto, comandando la torre de asalto don Ruy López Dávalos, condestable de Castilla. En la Puerta de la Villa o Puerta de Estepa se situó a don Enrique, conde de Niebla; y en la Puerta de Málaga, a Juan de Velasco, camarero mayor del rey, cada uno con cien soldados aproximadamente. Cada regimiento —por llamarlo así— al mando de un noble. Aparte de los nombrados, había otros regimientos con ballesteros en el entorno del castillo.

El infante estuvo cercano a la torre de asalto, en la que podían subir a la vez varios soldados con su equipamiento. Treinta hombres de armas aguerridos y seleccionados se situaban dentro de la torre y otros treinta estaban esperando a entrar a la misma y subir una vez lo hicieran los primeros, resguardados tras los mantos.

La torre de asalto, con sus ruedas, tenía arriba del todo una pasarela que se llevaba en situación vertical y encima de la torre, una plataforma elevada para ballesteros debidamente protegida en una habitación, a la que se le dio el nombre de arca. La pasarela, que la torre llevaba vertical, para el asalto la ponían horizontal con poleas o inclinada un poco hacia abajo y era el pasillo de comunicación entre la torre de asalto y la torre de la escala, por donde tenían que pasar los soldados a las almenas de la torre de la escala desde la torre de asalto. Pues bien, esta pasarela era corta y no llegaba a la torre de la muralla. Los soldados no podían, por consiguiente, asaltar la misma. Entonces los musulmanes, viendo el desastre de los castellanos —le faltaban a la pasarela más de dos metros para llegar a la torre—, se envalentonaron y subieron muchos para lanzar a la torre de madera fuego de alquitrán y estopas, poniendo a arder la torre y haciendo salir huyendo a los que estaban dentro. Salieron huyendo al ver que ardía. Los ballesteros, que estaban en la cúspide, igualmente bajaron todos huyendo.

Por otro lado, en la torre mora la planta baja la habían llenado de leña, a la que prendieron fuego, y las llamas salían por un lateral de la torre, por unas hendiduras en el muro, precisamente donde estaba la torre de asalto, para igualmente provocar su incendio. Esto no lo tenían previsto el infante y los suyos: la torre de asalto ardiendo, los soldados huyendo, los ballesteros matando castellanos desde las almenas, huyendo los castellanos despavoridos. El enojo del infante fue tremendo. Él mismo fue el que dio la orden de derrocar la pasarela y ver el desastre con la torre de asalto en llamas.

Consiguieron retirar la torre y ponerse a apagarla con vinagre, pero había sufrido un gran destrozo y había que sustituir mucho material, casi hacerla nueva. La torre de asalto quedó inservible, pasto en alta medida de las llamas, y ahora había que rehacerla en buena parte y sustituir vigas carbonizadas, un verdadero drama para los asediadores, que esto no lo tenían en absoluto previsto. No imaginaban las llamas saliendo por el lateral de la torre, no imaginaban que la pasarela de desembarco de soldados era corta. Un error fatal. Todos los planes se habían roto. Se encontraban sin torre de asalto, que era su arma principal para conquistar Antequera. Un verdadero desastre, desesperante. No estaba prevista tal debacle.

El infante perdió el sueño; se le presentaban grandes problemas. El primero, buscar materiales y arreglar y reparar el mucho daño de la torre de asalto —esto supone tiempo y dinero—, mejorando la misma y forrándola además de cuero como material antiincendios. El problema fundamental era el tiempo, pues no había dinero preparado para el mantenimiento de la tropa más allá de mediados o finales de julio. Otro problema era dónde buscar las maderas adecuadas para rehacer la torre con cierta rapidez. También que el rey de Granada aprovechase para atacar. Además, no podía dejar pasar el verano. En otoño, con las lluvias, barrizales y fríos, era imposible. Mientras, en la alcazaba estaban más o menos de fiestas. Todos los problemas se acumularon, formando una pelota mental de desastre. El alcaide de Madina Antakira estaba ganando la partida. La debacle se cernía sobre las cabezas de los cristianos.

El infante no tenía más remedio que seguir adelante hasta el último suspiro. Envió con toda prisa personal a Córdoba y Sevilla a por maderas adecuadas y pidió que comprasen mucho vinagre como apagafuegos y cueros para cubrir la torre y que actuasen como antifuego. Esto no era rápido ni fácil en aquellos tiempos y el infante lo sabía. Este día fatídico para los castellanos hizo que la toma de Antequera se retrasase tres meses aproximadamente, con lo que supone mantener una plantilla en nómina de 14.000 o 15.000 personas durante ese tiempo y sin tener dinero de reserva para esta muy fuerte contingencia.

El infante no podía darse por vencido. Su ejército había sufrido la pérdida de muchas vidas en el frustrado asalto y se jugaba mucho de su prestigio, pues podría convertirse en un gran descalabro. No podía dejar a tanta gente con las manos cruzadas mientras se arreglaba la torre de asalto, lo cual no era cosa de pocos días. Como consecuencia de ello, y de acuerdo con sus nobles, efectuó cabalgadas en terreno moro para tener a su ejército en activo, para hacerse de ganado y otras provisiones y para intentar compensar los gastos con saqueos, aunque sabía que ello no era suficiente. Por otro lado, tenía que hacerse de más fondos para pagar la nómina y demás gastos, tema nada fácil.

27 de junio

Un huracán hizo un tremendo daño en el campamento cristiano de Antequera. Ocurrió que se levantó un viento huracanado, cayendo las arcas de las dos bastidas a tierra y reventándose. Las arcas son las habitaciones elevadas situadas en la parte superior para los ballesteros. Las tiendas de campaña y muchos enseres, colchones, etc., habían volado y el ganado se había dispersado. La desesperación de los castellanos era muy alta ante tantas fatalidades.

Ante tantas desventuras se pensaba que Dios no quería que se asaltase Antequera, por lo que se empezaron a hacer grandes plegarias y misas y una serie de actos pidiendo el perdón de Dios. Misas y confesiones, cánticos de perdón. Para más inri, al infante, muy preocupado por la demora, por su coste y por las ayudas, le comentaron que se estaba preparando en Granada un gran ejército para venir a guerrear con los cristianos y levantar el asedio de Antequera. Era lo que faltaba y se temía, la guinda, el colmo de los colmos. Su estado de fracaso era bien alto. Todo más que negro. Todo en contra. El fin del fin.

29 de junio

Las reuniones del gabinete de crisis se habían iniciado el mismo día 27 y se vio cómo dar soluciones. Mientras se arreglaba la torre de asalto y se iban añadiendo mejoras sustanciales, las tropas se dedicaron a saquear al máximo para obtener cuanto fuese posible y que, con ello, el dinero a desembolsar fuese de la menor cuantía posible, desplazándose a media o larga distancia, de hasta cien kilómetros, y en algún caso más si se viese necesario.

Los antequeranos musulmanes asediados esperaban que no se les dejara desamparados. La situación fue controlada de esta forma por el infante y tomó nuevo impulso para llegar a la fase final, que esperaba que tuviese buen fin. Había aprendido y ahora la casi nueva torre de asalto tendría unas características que no atesoraba la primera. Además, habían estudiado cómo eliminar el fuego que salía por el lateral de la torre al asaltar.

1 de julio

En Alcalá la Real estaba de alcaide don Alonso Fernández, señor de Aguilar, y estaba en el ejército del infante el primo del mismo, hijo de Rui Fernández de Córdoba. El 1 de julio de

1410 partió para correr, como se llamaba a la labor de saquear y arrasar, en este caso Montefrío, que está a tres leguas de Alcalá la Real. Fueron en total unos sesenta jinetes. Marcharon para dar descanso y bebida a los caballos en el arroyo, cuyo nombre actual es el Alamoso, cerca de la conocida Venta de los Agramaderos. Acampar cerca del agua era una premisa básica para la instalación del campamento. La Venta de los Agramaderos es hoy una aldea de Alcalá la Real, que estaba, pues, muy cerca del mojón de la frontera. A medianoche se fueron de allí para Montefrío y llegaron a una torre o castillo pequeño que había a tres kilómetros del pueblo.

Dice la crónica que murieron ochenta moros y siete cristianos, más cinco prisioneros que hicieron. El alcaide Monfarreche, del ejército musulmán, fue muerto en la batalla, su cabeza fue cortada y la llevaron a Alcalá la Real para que la viese el alcaide castellano. El señor Alonso y su tropa volvieron a Antequera con la cabeza de Monfarreche y con el pendón del mismo. Llegaron a Antequera el 20 de julio. Era lo normal que al volver de una escapada se trajesen como trofeos las cabezas del enemigo. Era también la forma de contabilizar la muerte de los mismos y no contar fábulas.

Monfarreche fue el que sacó del castillo de Salobreña a Yusuf III, el cual estaba preso por su hermano Mohamed. Cuando Mohamed murió, fue Monfarreche el que lo sacó de la cárcel y lo llevó a Granada. Era suegro de Yusuf, el rey de Granada, un personaje importante. La batalla por parte de los cristianos fue con lanzas, que llevaban debajo del brazo, e iban bien protegidos con armaduras. Los cristianos volvieron al campamento con las ropas de los moros muertos, armamento y enseres de la torre. Al alcaide lo conocieron por la vestimenta lujosa. En Montefrío había bastantes soldados preparados porque, igualmente, los musulmanes habían decidido efectuar correrías por la zona de Priego ante la guerra desatada, un tanto generalizada. De ahí que el choque fuese más fuerte.

Sábado, 12 de julio

Salió una serie de jinetes para Archidona y de allí para Riofrío, cabalgando también de noche, para hacer una emboscada o ataque a dicha localidad. Como eran pocos, del orden de cien, se reconsideró el asunto y se enviaron más tropas en pos de ellos. Y allí salieron a pelear con los moros. Cuando estaban cerca de Loja murieron dos jinetes musulmanes y cuatro de a pie y robaron vacas y yeguas, en total unas 350 cabezas.

Mientras arreglaban la torre de asalto, no le parecía bien al infante que los soldados cobrasen y no hicieran nada; por ello los enviaba a tierra de moros por espacio de cinco o seis días para hacer daño. Así hicieron cabalgadas por Cártama. En general, estas escaramuzas hacían mucho daño tanto a los cultivos que incendiaban como por la matanza de personas, que se veían sorprendidas y sin poder de reacción. Familias enteras eran aniquiladas sin compasión. Se estaba en guerra, se trataba de destruir al enemigo.

Varios en el mes de julio (no fechados)

Un grupo de cinco musulmanes iba a intentar quemar las tiendas del campamento cristiano. Eran soldados en el ejército cristiano, pero de origen musulmán. Pero uno de ellos delató a los demás. Todos estaban en el ejército castellano. El delator no era musulmán y desde el primer momento estaba informando al infante. Fue recompensado económicamente, las cabezas de los saboteadores fueron cortadas y puestas sobre picas clavadas en el suelo para que se viesen desde el castillo. Los cuerpos fueron descuartizados. Previamente fueron sometidos a tormento hasta confesar con detalle.

Para quemar tiendas se valían de la ayuda de un negociador árabe enviado por el rey de Granada, que fue el que suministró a los disidentes el material inflamable. Sin embargo, con el negociador no se tomaron medidas. Entendían que era su deber, que tenían que vigilarlo continuamente, pero no querían romper el hilo conductor con el rey Yusuf III. Sin embargo, el infante no tomó ninguna medida contra el negociador, pues era persona de total confianza del rey Yusuf III y el infante no quería romper este hilo conductor directo. Esta amistad, por llamarla así, le sería después importante para firmar la paz en Sevilla con los nazaríes y que el infante pudiese dedicarse plenamente a temas de Aragón.

La idea de quemar el campamento —valiéndose de la ayuda del negociador árabe de Granada, que entraba a menudo al mismo— era que los moros desde Archidona se desplazaran para atacar el recinto. Pero uno del grupo, un tal Rodrigo, no podía dormir. Era de Vélez y reveló el asunto al infante. El tal Rodrigo fue recompensado económicamente por su buen trabajo.

Es complicado leer libros en el castellano viejo de esa época, pues muchas palabras no son entendibles en la actualidad. Hay mucha información de aquellos tiempos por parte castellana; de los musulmanes ninguna porque toda la posible fue quemada.

Los cristianos tenían misa todos los domingos, en turnos, en los campamentos. Había cierta entrada de moros en la medina; parecía observarse que venían de Granada —se suponía— y se mandó cercar la ciudad con dos muros de tapia a la redonda y que esto fuera en poco tiempo. Obviamente, se entiende que donde las murallas tienen terraplenes no tiene sentido construir un muro de aislamiento y sería una obra faraónica, muy costosa y larga. Por lógica, evidentemente, era más necesario para las puertas de acceso y para las zonas que abarcan las mismas, aunque estuviesen separadas ampliamente de ellas y naciesen y muriesen en la muralla, de tal forma que impidiera la salida por las puertas. Además de ello, se puso una guardia día y noche más importante, más grande. Eso supuso apretar la clavija en el asedio.

En estas el infante don Fernando tuvo noticias de que se estaba formando un ejército de nuevo en Granada. Entonces escribió a las casas de Écija, Sevilla, Córdoba, Carmona y Jerez para que enviasen refuerzos a Antequera sin excusa alguna. De todos estos sitios enviaron personal con sus pendones, con jinetes, ballesteros y lanceros. El rey de Granada, al ver los refuerzos, cambió de opinión y dejó de pensar en atacar. Entonces, el infante indicó que retornasen a su origen los refuerzos. Ya había obtenido el fin deseado. Todo ello se organizaba con el negociador del rey Yusuf, al que se le permitía entrar en el campamento. Los nazaríes, en vez de ir hacia Antequera desde Granada, optaron entonces por hacer daño en Jaén a los cristianos.

Tuvo que enviar emisarios el infante a Sevilla y Córdoba, así como a clérigos, para que le prestasen dinero. Cada uno prestó lo que pudo, pero con ello no había para pagar a los soldados estacionados en Antequera. Preocupado, se vio obligado a enviar emisarios a la reina regente, que estaba en Segovia en ese tiempo, rogando a la madre del rey esos fondos. También le escribió la mujer del infante, que estaba esperándolo en Córdoba. Escribió a su cuñada, la madre del rey y amiga de la reina. Entonces la reina, aunque no se llevaba muy bien con el infante y no estaba muy de acuerdo, a regañadientes lo asistió con 110.000 florines, sacándolos de las arcas del tesoro, el cual, como la reina, estaba en Segovia, con lo que llegó a tiempo de pagar a caballeros y peones. De otra manera lo hubiese tenido más que complicado.

Del tema militar hablé con el señor Manuel Carmona, gerente del *parking* de Diego Ponce, desde cuya terraza hay unas vistas impresionantes de toda Antequera, que no deben de ninguna forma perderse. Él es un estudioso del tema, que me animó a escribir al respecto y cuyos comentarios he tenido en cuenta en la redacción de estas páginas.

El ejército castellano estaba mucho más adelantado que el musulmán en la protección de los soldados caballeros con armaduras más o menos pesadas, lanzas y escudos. Sin embargo, los árabes estaban menos protegidos en sus batallas, por lo que se producían más bajas en los combates. En estos temas siempre se distinguió el caballero Narváez, que, cuando otros agachaban la cabeza y se quitaban de en medio, siempre se ofrecía en primera línea. Después fue el alcaide de la ciudad. No solo fue Narváez el valiente, hubo otros, pero él destacó bastante. Además, era una persona en la que el infante confiaba mucho.

28 de agosto

Vieron humo bastante cerca de la Peña de los Enamorados. Los guardas hacían humo, querían llamar la atención. El infante ordenó a Alonso Álvarez de Écija, que era el comendador de Azuaga, que fuese con caballos y otros tantos jinetes a ver el porqué de aquellas ahumadas. Posteriormente envió un segundo contingente con varios caballeros, en total al menos doscientos. Entre los caballeros estaba el que después sería el primer alcaide castellano de Antequera, Rodrigo de Narváez. Lo que había ocurrido era que casi doscientos jinetes enemigos, procedentes de Archidona, habían raptado a tres guardas castellanos y dos caballos. Informado el infante, mandó más tropas de refuerzo, alrededor de otros doscientos jinetes más.

Los moros que estaban al pie de la sierra vieron venir a cristianos y bajaron para batallar con ellos. Lo que no sabían era que detrás venían más refuerzos. Entre los moros había uno rubio. A este le cortaron la cabeza y le sacaron la hiel —líquido producido por el hígado—. Supongo que este gesto tiene un significado simbólico, pero está claro que los guerreros no estaban sobrados de caballerosidad. Los moros se fueron hacia arriba por la cuesta. Al pie de la peña, los castellanos no sabían si seguirlos o no. Pensando que habría más moros en la sierra, optaron por dejarlos. Había más cristianos que moros, mataron casi a los 150 moros que iban a pie y a otros ochenta los hicieron prisioneros. No podían huir de los caballos cristianos.

El infante ordenó que atacasen Archidona, pero los caballeros se reunieron. Tenían hambre y pensaban que era tarea imposible, por lo que sería mejor dejarlo para otro día que ellos fuesen mejor pertrechados. En definitiva, revocaron la orden del infante y se volvieron. El infante tenía información de que estos moros eran de Loja y que había poca defensa esa noche en Archidona. Ocurrió que las tropas iban a atacar Archidona, llegaron hasta la muralla, tuvieron algún intercambio de flechazos y optaron por volver al campamento de Antequera. El infante no lo comprendió. Los reunió y, en definitiva, les recriminó que se hubiesen reunido para de alguna forma cambiar sus órdenes y les hizo ver que eso no era admisible. Los caballeros tomaron nota para no hacerlo en el futuro y el infante les dejó claro lo que les podía ocurrir si repetían un episodio de desobediencia.

2 de septiembre

Llegó al Real el conde de Fox, al que se le llamaba popularmente el Gastón. El conde era inglés, pero heredó el condado francés de Fox y vivía en Francia. Años antes, cuando el infante conquistó Zahara, había venido el hermano mayor del conde a que don Fernando lo armase caballero de la Orden de las Azucenas. Él quería ser armado caballero y el infante cumplió ese deseo, entregándole además caballos y alimentos para el camino de vuelta. El conde quedó muy agradecido por pertenecer a la Orden de las Azucenas.

9 de septiembre

Un judío se fugó del castillo unos días antes de esta fecha, en vista del cariz de los acontecimientos, y dijo que había poca agua dentro, salvo la que tomaban por la noche del río. Entonces el infante puso vigilancia en la Puerta o Postigo del Agua para que ello no ocurriese en el futuro. Podemos decir que el agua fue cortada, que ese día los sitiadores cortaron el agua. En aquellos tiempos había agua desde el nacimiento de la Magdalena y también del río de la Villa. ¿Por qué no se cortó desde el primer momento?

Estaba claro que no se sabía cómo se abastecían de agua. La leyenda contaba que por un postigo pequeño junto al río salían de noche por agua. Para mí no es creíble: con 3.000 personas dentro, solo a diez litros por persona serían 30.000 litros. Transportar estos volúmenes de noche, sin tener envases de plástico y sin ser detectados en una ciudad cercada lo veo imposible. Abogo por que en el río había una salida de agua, una tubería de cerámica enterrada en el suelo, en sitio oculto, y por ahí salía el agua para la ciudad —evidentemente, iría a un pozo, de donde se sacaría con algún sistema camuflado tal como una noria oculta— y que el sistema de abastecimiento de agua fue denunciado por un fugitivo aterrorizado de la ciudad sitiada. Según la leyenda, este delator era judío, pero vaya usted a saber. Dentro del ejército cristiano había moros espías infiltrados, que hablaban perfectamente el castellano. Si los castellanos hubiesen conocido cómo se abastecía la ciudad de agua, la hubiesen cortado desde el primer momento y no casi al final del asedio.

Hay agua de pozo en la actual iglesia de Santa María. Entrando a la derecha, junto al muro, hay un registro de piedra circular. Es un pozo con agua. A pesar de la altura, hay agua, sin duda por el efecto cercano de la sierra del Torcal. Pero por aquel entonces, al ser cortado el abastecimiento, quedó el agua del pozo para beber, algunas reservas del aljibe y poco más. Como dato curioso, los castillos están en cimas altas, pero a pesar de ello la mayoría tiene agua. La había en la Medina Antakira, pero no en cantidad suficiente, aunque sí al menos para beber.

Se deduce que la población de la Antequera árabe era de unas 3.000 personas, de las que un tercio eran hombres, otro tercio eran mujeres y el resto, niños. Más o menos es la distribución, aunque estamos hablando del interior del recinto amurallado. Pequeños núcleos de población en el campo o agricultores más o menos aislados ni que decir tiene que eran sometidos sobre la marcha.

El infante sabía que tenía que actuar. No podía alargar el cerco mucho en el tiempo por coste, porque el invierno sería problemático, por posibles nuevas ayudas de otros puntos a la población de Antequera y por temor a que se le cortaran los suministros de Sevilla, aunque procuraba disminuirlos con lo que se obtenía de botín en los ataques a la huerta de Antequera. Tenía que establecer una estrategia y tenía que ganar por encima de todo.

El coste económico de la conquista fue muy alto. Cuando se terminó, aparte de la pérdida de vidas humanas y los problemas de traslado de los musulmanes, se quedaron las arcas castellanas extenuadas. La empresa había superado ampliamente la previsión de gastos. En cuanto a la nobleza, cada uno de cuyos miembros aportaba su ejército pagado, la forma de cobro era mediante las prebendas de la conquista.

En fin, había que recurrir a la estrategia para conquistar la plaza. Ya era el tercer intento. Años atrás se había intentado y fracasado por reyes anteriores al vigente. Esta vez él no podía fracasar, lo tenía bien claro. Hubiese sido para él una debacle cuando lo que buscaba era un lucimiento que lo acercara a ser el sucesor del Reino de Aragón, separado del de Castilla y León, que era el suyo como regente y donde tenía cierto porcentaje de sangre de la familia del rey de Aragón. Quería ser rey, cosa que no pudo en Castilla por el nacimiento tardío de su sobrino.

10 de septiembre

Llegó al campamento cristiano el pendón de San Isidoro de León, que el infante mandó traer. Era una tradición cuando un rey participaba en una guerra. Él no era rey, sino hermano del rey, pero con este gesto quería ganar más prestigio y liderazgo, aparte de que era un católico convencido. Lo trajo un monje, debidamente escoltado, vía Sevilla. El pendón de Santiago venía con el obispo de Santiago desde el principio y el de Fernando III ya se entregó al infante en una ceremonia en el castillo de Alhonoz (Herrera). Para los castellanos era una cruzada; para los musulmanes, la guerra santa.

Ese día 10 de septiembre llevaron la torre de asalto cerca de la muralla, pero a una distancia prudencial para, en lo posible, evitar los disparos con los truenos. La bombarda musulmana ya estaba destrozada. Por fin terminaron de arreglar la torre de asalto, cuya reparación se había demorado mucho por su complejidad, con el consiguiente problema para el asedio, fundamentalmente en lo económico, pues había que mantener a todo un ejército pendiente de ello.

En las dos bastidas, cercanas a la torre una a cada lado, se situaban cuatro ballesteros. El artificio de la garrucha, en vez de su recarga a mano, le daba enorme potencia de disparo, muy eficaz porque la flecha o viratón era capaz de atravesar la adarga, la armadura y el cuerpo. Era una terrible y mortífera arma por su enorme fuerza en el disparo. Dos ballesteros estaban preparados para el disparo y los otros dos eran los encargados de la carga de las ballestas y de hacer los relevos. En la torre de asalto, arriba, había igualmente otros cuatro ballesteros. En el bando moro, cuando moría uno era sustituido por otro. Dichos ballesteros tenían además un incentivo económico por cada enemigo que mataban o herían. Con este sistema, encima de las murallas no se observaba a enemigo alguno. No se atrevían a salir o lo hacían con tremendo cuidado, pues era un peligro muy fuerte. Los ballesteros mencionados eran especialistas experimentados.

De Sevilla llegaron con bastante antelación a esta fecha cuarenta marineros contratados por el infante —con el responsable de las atarazanas (astilleros) al frente, cuyo nombre era Pedro de Torres; y su ayudante, Rodrigo de Alonso Moreno—, que eran expertos en hacer varar una galera y en el manejo de barcos, que se consideraba parecido al manejo de la torre de asalto y las bastidas. Eran hombres fuertes y avezados y ellos fueron los encargados de mover la torre y las dos bastidas, además de trabajar en la reparación de la mencionada torre de asalto de forma activa. Fue de gran provecho esta contratación por su experiencia. La torre quedó mucho mejor que cuando se fracasó la vez primera.

Durante el verano la flota castellana situada en Cádiz estuvo navegando por el Estrecho, hizo varios desembarcos y también atacó a alguna que otra nave por si los nazaríes recibían refuerzos del norte de África. Ellos atacaban y hacían algunos desembarcos, para lo que disponían de caballos en las naves. En uno de los barcos encontraron una preciosa tienda de campaña de seda y se la enviaron como regalo al infante en Antequera.

12 de septiembre

Un trueno moro —un cañonazo de los primitivos— dio en el arca, es decir, en la habitación de disparo de las ballestas de una bastida. Eran disparos de pólvora dentro de un recipiente que estallaba al chocar en el destino, muriendo los ballesteros. La torre de asalto disponía de sesenta hombres de arma, que tenían que subir a la misma. La mitad de ellos estaba al mando de Carlos de Arellano y García Manrique y la otra mitad, de Pedro de Narváez y Pero Alonso de Escalante. La primera vez los moros quemaron la escala; esta vez la tenían bien protegida contra el fuego.

15 de septiembre

Durante este día y los dos anteriores se hizo un ejercicio, un simulacro de acercar la torre de asalto a la torre de la escala y, a cada lado, acercar igualmente a la muralla las dos bastidas. Es decir, mueven las mismas, las acercan y después las vuelven a alejar hasta su sitio original. Observaron que realmente no se veía a nadie defendiendo la torre o la muralla ante los viratones o flechas que con gran precisión lanzaban los cristianos. Esto hizo al infante elegir el día 16 para hacer el asalto, pero informando a los menos posibles y ya entrada la noche para hacerlo al amanecer, con objeto de tener a su favor el factor sorpresa y que no hubiera filtraciones en cuanto al momento de asalto. Como ocurrió anteriormente, se supone que no lo escondieron para nada.

16 de septiembre: El Gran Día

El infante fue a misa a primerísima hora de la mañana. Era, pues, el gran día. Antes había estado una hora rezando. Sus allegados no sabían nada. El infante tenía concertadas unas señas con Juan Gutiérrez de Torres, maestro de la torre de asalto y de las dos bastidas, que se situaba en la parte más alta de la torre. Las señas eran que, levantando la mano con el puño cerrado, estuviese preparado y cuando abriese la mano era el momento de, lentamente, echar la pasarela erguida en vertical y ponerla horizontal, echándola sobre la torre. Se puso el infante tras una bastida, la que estaba a mano derecha, mirando la muralla; a su lado, el arzobispo de Santiago, el obispo de Palencia y algunos otros caballeros de su ejército. Los acompañantes no sabían que ese día era el asalto y pensaban que se trataba de un simulacro de desgaste a los sitiados más. Estaban descuidados, pues ya esta maniobra era la cuarta vez que se hacía, pero esta vez no fue maniobra. En los tres días anteriores mandaba bajar el puente levadizo de la torre, pero apenas empezaba a descender un poco mandaba de nuevo volverlo a su posición inicial. Esta vez, el 16 de septiembre, no fue así. El encargado de la torre, en lo alto de la misma, miraba al infante y, después de bajarlo un poco y lentamente como los días anteriores, al ver que el infante abrió la mano lo dejó caer de golpe. Al caer sobre la torre, en los últimos metros, mató dos moros.

En la planta baja de torre de la escala, inserta en la muralla, había un horno con el techo de bóveda, lleno de maderas y carbón; y en la pared de dicha torre al exterior, a cuatro o cinco metros desde el suelo, había hendiduras de entre diez y doce centímetros de ancho y setenta de alto, que eran para que saliesen las llamas por ahí cuando prendiesen fuego a la torre, como ya hicieron con éxito en el asalto frustrado de junio, aparte de lo que pudieran lanzar desde arriba para incendiar la misma. Pero esta vez no iba a ser así, pues en la torre estaban bien pertrechados con vinagre para sofocar el fuego y con artilugios y tubos para meter el vinagre dentro de las hendiduras y que cayese sobre el fuego. Además, llevaban herramientas para hacer más grandes estos agujeros de la torre y entrar por ellos una vez apagado el fuego, propósito que consiguieron.

Los que estaban en la torre de asalto eran dos grupos: uno dentro de la propia torre, de unas treinta personas, y otras treinta protegidas detrás de las barreras y con la indicación de no subir en tropel para evitar problemas de congestión, pero sí de forma rápida. Todos, por supuesto, debidamente armados y entrenados, de los más aguerridos. Habían hecho prácticas subiendo y bajando varias veces cuando la torre se estaba arreglando.

Se luchó con fuerza y sin piedad entre los asediados y los asaltantes. Rodrigo de Narváez estaba en cama, herido dos días antes. En cuanto a Carlos de Arellano, García Fernández Manrique, Álvaro de Ávila —Arauco familiarmente— y Pedro Alonso Escalante, dos subieron a la torre y dos quedaron abajo guardando y poniendo orden.

Por el agujero lateral de la torre, una vez agrandado, entraron diversos guerreros: los caballeros en primera línea, desalojando la base de la torre de la escala. La torre de la muralla, llamada desde inicio del asalto la torre de la escala, había sido tomada. Los musulmanes que la defendían fueron atravesados por las espadas, amputados sus brazos por sablazos enfebrecidos y salvajes. Se trataba de matar para no ser matado, de quitar vidas para conservar la de uno.

Mientras, se había establecido un ataque a la redonda por todo el contorno del castillo para que los asediados no se concentraran en la zona de la torre de la escala. Aunque la gran batalla estaba en plaza del Carmen. Mirando las murallas a la derecha, está el Postigo de la Estrella y desde la torre asaltada pasaron rápidamente al postigo por el adarve, abriendo el mismo y permitiendo que entrara tropa. Lógicamente, en todo esto se mataba a quien se ponía por delante, sin más contemplaciones ni requisitos. Se mataba a personas indiscriminadamente, de cualquier edad y sexo, y también a animales. Todo lo que se movía, sin distinción alguna. No se habían rendido antes porque ya sabían lo que le podría pasar: ley no escrita de la guerra medieval.

Al ver entrar la tropa castellana, haciendo escabechina indiscriminada, los musulmanes de la medina en tropel —con gritos desgarrados, sonido de cornetas y tambores cristianos, incendios— huyeron para refugiarse en el alcázar. Niños, mujeres y personas mayores en general. Los que se quedaron en la ciudad, que fueron poquísimos, algunos escondidos, eran atravesados por las espadas. No había piedad, no perdonaban a nadie. En la torre de la escala ondeaban los pendones del apóstol Santiago, San Isidoro de León y los pendones de Sevilla y de Córdoba junto a los del infante, estos sobre mástiles más altos.

Todo el día 16 fue una pelea a muerte por las calles de la población. Abrieron los asaltantes la Puerta de Estepa y la de Málaga desde dentro para que entrasen los caballos hasta que se hicieron los dueños. Entraron muchos castellanos. A pesar de estar herido, Rodrigo de Narváez no quiso perderse la batalla. Los musulmanes quemaron algunas casas que estaban junto al muro interior que separa la ciudad con el alcázar para dejar sin casas dicho muro y defender mejor en el alcázar. Hubo saqueos a las viviendas y no se sabe cuántos muertos, aunque todos los que pudieron se refugiaron en el alcázar, que fueron los más, porque en el momento que se vio a los cristianos en la torre la estampida al recinto del alcázar fue inmediata. No tenían otra opción. Gritos de terror, carreras, madres con los niños en brazos corriendo desesperadamente al alcázar. El ataque era intenso y desgarrador.

El alcaide moro responsable de Antequera era un magnifico líder y ya se llevaban cinco meses de asedio. Era imposible para ellos competir con las terroríficas espadas enemigas, que ganaban en número de forma totalmente abrumadora. Los primeros cuatro que saltaron la torre fueron:

- Gutiérrez de Torres, doncel del infante.
- Gonzalo López de la Serna.
- Sancho Gómez de Vidaurreta.
- Fernando de Baeza.

Los nombres se discutieron y se vieron en reuniones posteriores, pues había criterios diferentes y cada uno de los cuatro primeros tenía una recompensa que cobrar. A caballo y a pie, un zafarrancho, una lucha sangrienta y despiadada. Los pocos asediados que hicieron frente y los que quedaron en la población por una cosa u otra no lo podrían contar.

El talón de Aquiles de Antakira era el único sitio con acceso, el de la torre de la escala, en la plaza del Carmen actual. Hoy día, en 2020, al pasear por la plaza es bueno recordar el episodio de hace 610 años. Incluso no estaría mal recrearlo con un simulacro más o menos parecido, pues faltaría espacio para uno similar al real.

En el castillo se mantuvieron ocho largos días los asediados, extenuados y sin munición, un tanto hacinados y con el pesar tremendo de haber perdido en muchos casos parte de la familia. Era cuestión de días que se rindieran. Se pensaba que podrían aguantar un mes.

El infante no quería pactar, quería una rendición incondicional. Pidieron parlamentar para seguir sitiados. Pensaban que el cerco podría durar un mes para su rendición, se acercaba época de lluvias y siempre había la opción de que llegase algún socorro. Por otra parte, mantener la tropa castellana tenía un coste muy alto. Al infante se le insistió en un pacto. En definitiva, era no matar a los que estaban en el alcázar, dejarlos ir y entregarles mil mulas para que pudiesen ir niños y personas mayores. Asimismo, se pedía que les dejasen llevar los objetos personales que pudiesen en tan precarias condiciones y vender a la tropa castellana, en lo posible, el resto, evidentemente a precio más que de saldo.

La forma flamenco se indica que procede de ahí, de *fel-lah-mengu*, el sentir del campesino arrojado de su tierra o andaluz expulsado de su suelo. El fatalismo musulmán ya veía más cerca la pérdida de Granada, del último reino musulmán en Europa. Y, sobre todo, pérdida de seres queridos y ruina, con un porvenir más que incierto.

Lunes, 22 de septiembre

Los del castillo pidieron dialogar. Sancho de Rojas, obispo de Palencia, y don Fadrique, conde de Trastámara, tenían amplios poderes otorgados por el infante. En el pacto de rendición se indicó que se les prestaban mil bestias de carga para transportar los enseres y que se fueran a Archidona, no quedando nadie en Antequera. Y así se procedió sobre la marcha.

Como muchas cosas no podían llevarse, obviamente, se pactó que vendieran a los cristianos lo que pudiesen, cosa que se hizo, imagino que a bastante bajo precio. Fue un éxodo de toda la población, pero Archidona era pequeña para tantas personas y muchos de los antequeranos árabes siguieron en su inmensa mayoría hacia Granada, donde construyeron un barrio, la Antequeruela, que es un nombre que subsiste en la actualidad.

Quedó Antequera totalmente vacía, por lo que sobre la marcha, apenas conquistada, se arreglaron las murallas y los desperfectos a la espera de un ataque de tropas del rey Yusuf, que ocurrió a los pocos días, pero sin éxito para los musulmanes y su pequeño ejército. Un mero conato, sin más.

Niños, mujeres y hombres, muchos con lo puesto, se fueron andando, pasando cerca de la Peña de los Enamorados, por malos caminos, hasta una Archidona no preparada ni remotamente para acogerlos. Todo un drama, desde luego. Algunos de ellos o su familia, aunque vivían en Antequera, no llevaban muchos años y eran refugiados de otras poblaciones conquistadas.

24 de septiembre

Acto de entrega del alcázar. Entraron el conde don Fadrique —tío del infante y suegro— y el obispo de Palencia al alcázar, debidamente escoltado, y les fue entregada la Torre del Homenaje como símbolo. En ella se pusieron de guardia veinte hombres de armas y el infante hizo alcaide a Rodrigo de Narváez, su criado, que tenía «buen seso» y le había demostrado lealtad, valentía y decisión. Era hijo de Fernán Ruiz de Narváez, que era sobrino del obispo de Jaén. El puesto era vitalicio para él y sus sucesores.

El infante dijo que los moros fuesen asentados todos fuera de real, camino de Archidona, cerca de un arroyo, para allí ir entregando los mulos y dejando Antequera totalmente evacuada. Desde el campamento se les entregarían los mulos y se irían hacia Archidona, siendo acompañados por algunos soldados hasta la frontera, que, de hecho, estaba ya establecida durante el asedio en la Peña de los Enamorados.

Salieron todos los moros de Antequera. Fueron contados y había 2.528 en total: 895 hombres, 770 mujeres y 863 niños y niñas. Estuvieron dos días en el real, en el campamento cristiano, vendiendo sus cosas. Murieron unos cincuenta, entre heridos y enfermos, en el trayecto a Archidona y en los dos días en la zona cercana al real.

En la Torre del Homenaje se pusieron las banderas del obispo y del conde don Fadrique. Cuando las vieron los demás se molestaron y el infante dijo que pusiera cada uno la suya. La torre se llenó de las mismas.

Los moros preparaban lo que podían, liado y amarrado en sábanas, y fueron a una zona junto al campamento cristiano, según se había determinado, para que allí se les entregaran los mulos y salieran todos para Archidona. Al salir de la *madina* fueron contados y salieron absolutamente todos. Desde allí salieron todos para Archidona y después continuaron en su mayoría hacia Granada para no vivir de nuevo en una ciudad fronteriza.

El miércoles 24 septiembre de 1410, después de cerca de setecientos años, la toma era total. Se había consumado la conquista. Los cristianos se hicieron cargo de los cautivos que tenían secuestrados, más de cuarenta, e hicieron un inventario de todo, que se entregó al alcaide, Rodrigo de Narváez.

27 de septiembre: Salidas para Aznalmara, Cauche y Jebar

Aznalmara está en el término de Benaocaz, provincia de Cádiz; Cauche es el actual pueblo de Villanueva de Cauche, de Antequera, camino a Málaga; y Jebar, en la sierra de Chimeneas, cercano a la misma en un promontorio, era el más importante al sur del Torcal.

Lo de Cauche y Aznalmara fue fácil. Dejaron para el final Jebar, recibiendo además refuerzos. Aquí fue herido don Lope de Mendoza, arzobispo de Santiago, con un viratón en la pierna y hubo diversos muertos cristianos, poniendo el infante en cada punto un alcaide.

Aznalmara no está tan cerca, pero tenía el infante una espina clavada desde 1407, su anterior campaña. Quedó como alcaide Pedro Mateo Palacios, muy interesado en la conquista y que la hizo posible con su gente —Pedro Mateo era de Arcos de la Frontera—. Posteriormente fue reconquistada por los nazaríes, pero esa es otra historia. Cauche, la actual Villanueva de Cauche, controlaba los alrededores de Casabermeja y El Colmenar. Esta operación era de poco peligro.

El infante quería volver a Castilla de forma rápida; por ello designó a tres personas experimentadas como el condestable Dávalos, el conde de Niebla y el comendador mayor Suárez de Figueroa para tomar Jebar, lo cual lograron sin muchas dificultades y con algunos muertos. Muchas ciudades de Andalucía mandaron viandas para la tropa durante el asedio.

1 de octubre

Se bendijo la mezquita, convirtiéndose en iglesia. Partió el infante de sus tiendas muy solemnemente, en procesión, con todos los clérigos y frailes que había en el real, con las cruces y reliquias de su capilla, llevando delante los pendones de la cruzada, el de San Isidoro de León y el de Santiago. Con él iban todos los grandes caballeros y llegaron a la mezquita mayor, que está en el castillo, escucharon misa cantada y predicada, bendijeron los altares y le pusieron el nombre de San Salvador. Después comió el infante en el alcázar con todos los caballeros de sus huestes y nombró alcaide a Rodrigo de Narváez.

Estuvo el infante todo el día en la villa. Las calles estaban limpias y engalanadas de ramos verdes. Era un día de fiesta grande, en el que, además, el infante nombró como alcaide a Rodrigo de Narváez, escudero, natural de Olmedo y persona de su confianza, en el cual confiaba por su buena forma de pensar y su fidelidad. El infante mandó al señor Antón Gómez, contador del reino, que le diese el inventario de lo que había, que de todo diese cuenta y se lo entregase a Narváez, firmando el documento correspondiente.

Viernes, 3 de octubre

El infante se marchó de Antequera. No había permitido que en la conquista hubiese extranjeros y se quedó a corta distancia, a la orilla del Guadalhorce. El infante se fue de Antequera el 3 de octubre y paró muy cerca para esperar a la gente del real. El sábado fue al río Yeguas y allí estuvo el domingo. Era importante asentarse a la orilla de los ríos para que los hombres y bestias pudiesen beber y asearse los hombres. Al río Yeguas llegó el conde Martín Vázquez un poco tarde. Ya había terminado la guerra.

LOS PRIMEROS DÍAS DESPUÉS DE LA CONQUISTA

5 y 6 de octubre

Estuvo don Fernando en el castillo de Alhonoz, altivo en lo más alto de un alcor de festejos. El castillo —o lo que queda del mismo— está dentro del término municipal de Écija, se encuentra dentro de la superficie del Cortijo Alhonoz y es de propiedad privada. La fortaleza, en su día árabe y hoy sujeta a la postración histórica y prácticamente olvidada —a cuyos pies corre el viejo Genil, el Singilis de los romanos—, sigue desafiando al tiempo y negándose sus murallones a desmoronarse por el tiempo y la erosión. Allí estuvo el infante lunes y martes. Está el castillo a diez kilómetros de la localidad de Herrera. Desde el mismo se divisa perfectamente el castillo de Estepa y otras torres y castillos que formaban una red de vigilancia, que se comunicaba, en caso de peligro, por humo de día y con fuego por las noches. Su planta es cuadrangular. En su día tuvo mucha importancia y hoy está totalmente abandonado. El infante estaba citado allí con el negociador nazarí, Caíd Alamín, con el que se llevaba bien y había dialogo entre ellos pese a estar en bandos. Durante los días siguientes, el periplo del infante fue este:

— El miércoles 8 salió para Écija.

— El viernes 10 de Écija sale a Fuentes de Andalucía.
— El sábado 11, Fuentes de Andalucía.
— El domingo 12 se marcha a Carmona.
— El lunes 13 se instala en Alcalá de Guadaíra.

14 de octubre

Entrada triunfal en Sevilla. Entró en Sevilla, según las crónicas, el muy noble, esforzado, virtuoso, sabio y discreto infante don Fernando, caballero de Jesús Cristo, con las calles abarrotadas de público. Fue un día de fiesta. Iba rodeado de sus caballeros. Salió a recibirlos su primo el conde de Niebla. Ya estaba en Sevilla su mujer, doña Leonor, esperándolo en el interior del alcázar real cuando terminara el desfile. Al lado del infante, durante el desfile, se encontraban don Lope de Mendoza, arzobispo de Santiago; Sancho de Rojas, obispo de Palencia; don Fadrique, conde de Trastámara, y, en definitiva, caballeros y ricos hombres.

En la puerta de la iglesia de la Catedral de Santa María la Mayor le aguardaban el alcaide, los concejales, caballeros de Sevilla y escuderos. Igual que se recibe a los reyes. Ese día llovía mucho. Detrás venían diecisiete moros de los presos, cada uno con un pendón atado al pescuezo. Detrás de ellos venía la cruz y detrás de la cruz, los dos pendones de la cruzada: uno blanco, del infante; y otro colorado, delante del infante. Le precedía Pero Afán de Rivera con la espada de San Fernando y detrás los pendones de los caballeros. Delante de los mismos, el pendón de

San Isidoro de León. De esta forma llegaron a la iglesia, saliendo el obispo y todos sus clérigos, cantando *Te Deum laudamus*, por la Puerta del Perdón, poniendo la espada el infante en la mano del cadáver del rey San Fernando. De allí se marchó al cercano alcázar, donde le esperaba su mujer. El recibimiento fue apoteósico. Me imagino lo mismo que vi hace cincuenta años, más o menos: el de Sara Montiel en Sevilla en coche de caballos, al que asistí de forma casual y me quedé impresionado.

10 de noviembre

Se firmó una tregua de diecisiete meses con los nazaríes. Las naves que había en Cádiz retornaron a Vizcaya. Al recibimiento en Sevilla fueron quince galeras. El infante ordenó que no se entrara en peleas y que se respetase al máximo. Le interesaba para dedicarse a otros menesteres. Se suscribió la tregua, por mar y por tierra, jurando ambas partes por escrito, en árabe y en latín. El rey de Granada se comprometía a entregar en seis meses a los trescientos cautivos cristianos que retenía para procurar vender su libertad, que era buen negocio de los nazaríes.

13 de enero de 1411

El infante se puso enfermo en Sevilla y, por tanto, no pudo marcharse a Valladolid hasta el 13 enero de 1411 para dedicarse al tema de Aragón a fondo. Quedó tremendamente delgado.

La conquista de Antequera fue conocida «por todo el mundo», tuvo una repercusión mediática impresionante. El infante don Fernando tomó fama universal, por llamarlo así, dentro del universo de aquellos tiempos. Fue una conquista sonada, de la que se hablaría muchísimos años.

Llegó a Valladolid a primeros de abril. Estuvo previamente en Medellín y en Guadalupe de paso. En los desplazamientos se aprovechaban sobre todo las viejas vías romanas. Eran desplazamientos lentos al ir una mayoría del personal a pie, más las carretas, carros y jinetes.

Quedó Antequera totalmente vacía de agarenos, por lo que sobre la marcha, apenas conquistada, se arreglaron las murallas y los desperfectos a la espera de un ataque de tropas del rey Yusuf, que ocurrió a los pocos días, pero sin éxito para los mismos. Dentro del recinto del alcázar y del pueblo quedaron 1.630 personas de la tropa, formada por 130 a caballo, quinientos infantes y mil ballesteros.

Lo primero que se acometió fue el arreglo de la muralla, muy estropeada por las balas de piedra esféricas lanzadas contra la misma, y también el foso rellenado para volver a ponerlo en su estado normal, quitando el relleno. Ahora los residentes en Antequera habían cambiado. Antes tenían que defenderse los musulmanes de los cristianos; ahora, ocupada por los cristianos, tenían que defenderse de los musulmanes.

Se amplió la mezquita, convertida en iglesia, ya que a la nave de la mezquita se adosaron dos naves, una a cada lado, con sus bóvedas y capillas, que eran también sepulcro para las familias que financiaron la ampliación. Aun así, el templo resultaba pequeño, pues la población aumentaba. El aumento de la población se debía a los privilegios solicitados por Narváez y concedidos por los dos regentes de Castilla, la reina doña Catalina y el infante don Fernando, con fecha 20 de octubre de 1411, iguales a los que disfrutaban otras plazas fronterizas como Alcalá la Real, Olvera y Tarifa, ampliados por Juan II con fecha 15 de junio de 1412.

Para atender las necesidades religiosas se ordenó la ampliación a tres parroquias en vez de una. Esto fue el 16 de febrero de 1411. Fueron la que ya había de San Salvador, en la antigua mezquita; la segunda, la de Santa María de la Esperanza, en sitio provisional mientras se construía la iglesia que se iba a situar junto a la plaza Mayor y después construida de nuevo con la Real Colegiata de Santa María la Mayor; y la tercera, ubicada junto a la Puerta de Málaga, con el nombre de San Isidoro y que era un almacén de armas en la época nazarí.

Así, Antequera se mantuvo en el mismo recinto árabe, pero ocupado por cristianos durante 75 años, siendo durante este periodo villa de frontera, con bastantes privaciones y prácticamente utilizando las mismas casas e instalaciones de los árabes. Por parte de la Corona se indicó algunos años después que no había tesorería para pagar las cantidades anuales de plaza fronteriza y para mantener el ejército, por lo que se suprimía el mismo y se señaló que convendría que se dejase abandonada. Los nuevos antequeranos se negaron y, sin subvención y con grandes privaciones, se mantuvieron en la misma, por lo que la ciudad no recibió dinero, pero sí honores.

El infante don Fernando, antes de marcharse de Antequera, salió varias veces con su séquito a caballo por la comarca, siempre procurando zonas seguras. Fue víctima de dos intentos para matarlo, si bien no se culminaron, uno de ellos por falta de puntería.

Las treguas juradas se respetaban caballerosamente. Pocos días antes de entrar en vigor, hubo por parte de los granadinos un ataque al castillo de Jebar, que lo conquistaron casi sin resistencia por lo inesperado. Rodrigo de Narváez salió rápidamente a recomponer la situación y cuál sería su sorpresa que dentro estaban dormidos y en silencio. Fue fácil reconquistarlo. El castillo de Jebar, hoy en ruinas, estaba al sur del Torcal. Aquí no hubo musulmán que quedara, todos se marcharon. No hubo integración de razas en Antequera. Todos los que quedaron fueron castellanos.

El asalto fue el 16 de septiembre, día de Santa Eufemia, San Cornelio y San Cipriano. En la iglesia de Santa Eufemia hay una pequeña arca. Según parece, se pusieron papeletas y por tres veces seguidas salió que la patrona debía ser Santa Eufemia, la que después fue elegida patrona ganadora. Posteriormente, en 1922, fue coronada la Virgen de los Remedios como patrona mariana y más tarde también nombraron patrón al Señor de la

Salud y de las Aguas por petición, debido al gran fervor popular que tiene el mismo en Antequera, que es incuestionable. Tenemos tres patrones, en definitiva.

LA IGLESIA DE SAN SALVADOR

La mezquita musulmana, cuando se conquistó Antequera —quizá sea más propio que reconquista, después de estar los árabes setecientos años en la misma—, estaba en el recinto del alcázar. Aunque durante muchos años no se sabía exactamente el sitio, hoy ya tenemos delimitados claramente los cimientos. También en algún texto se comenta la posibilidad de que hubiese otra mezquita, situada en la actual plaza del Escribano, delante de la iglesia de Santa María, pero ello claramente carece de fundamento. Había una sola mezquita, la referenciada en el interior de la fortaleza.

Los castellanos, sobre la marcha, convirtieron la mezquita en una iglesia cristiana, concretamente el día 1 de octubre de 1410 por el arzobispo de Santiago, don Lope de Mendoza. En ella se celebró la primera y solemne misa de Antequera y a la iglesia se le puso el nombre de San Salvador. Era la primera parroquia de la Antequera cristiana posterior a los musulmanes. Quizá nuestra imaginación haga pensar que la iglesia de San Salvador era muy grande e importante. Realmente no era así: la población de Antequera en época de los árabes no sobrepasaba las 3.000 personas y la mezquita era muy anterior a tan amplia población.

El infante don Fernando era la figura capital en dicha misa, en la cual pasaba de la media luna a la cruz del redentor. En la religión musulmana se entiende que Jesucristo es un profeta y Mahoma otro, el último profeta, y que Jesucristo no se encarnará nunca.

Después de dos siglos y medio de este acontecimiento, concretamente en 1667, Fray Alonso de Santo Tomás, obispo de Málaga, trasladó su sagrario a la parroquia de San Miguel porque se había despoblado totalmente la parroquia de San Salvador, es decir, las viviendas dentro del recinto amurallado. Ya hacía, por consiguiente, muchos años que la ciudad amurallada no tenía objeto. La Antequera cristiana se había extendido a los pies de la colina de forma amplia. El acceso por las cuestas a la antigua ciudad era difícil y se fue despoblando poco a poco con los años.

En su momento, en San Salvador estaban depositados los huesos de los personajes ilustres de tiempos pasados. Por ello el ayuntamiento reparó la iglesia —antes mezquita— y se fundó en ella una capellanía para que hubiese dos misas los días festivos. Se tenía mucho respeto a la misma por ser la primera iglesia y por la enorme antigüedad del edificio. Pero ocurrió que la profanaron los franceses en 1811 y sus imágenes y reliquias se llevaron a otras iglesias. La iglesia de Santa María corrió la misma suerte. Las dos quedaron abandonadas, pero la de Santa María, milagrosamente, sobrevivió.

Recuerdo bien cuando venía a Antequera algún que otro fin de semana —estamos hablando aproximadamente de 1970— con Trini y dos niños pequeños a ver a la familia y siempre volvía a Sevilla encantado porque, además, mi madre nos regalaba chorizo y morcillas, que nos venían como anillo al dedo en aquellos tiempos de estrecheces. En aquellos tiempos sufría al ver como se derribaban edificios emblemáticos —me refiero a casas preciosas— y se hacían bloques de pisos muy funcionales para vivir «muy cómodos», pero horribles y antiestéticos, con aspecto exterior infame. Menos mal que la sangría paró, pues era demencial. Las informaciones recogidas señalan que en aquellos fatídicos años se derribaron aproximadamente 1.030 casas en cinco años por falta de normativa. Muchas o bastantes de ellas las tengo grabadas en mi memoria. Es una alegría ver lo que después se ha hecho, cuando se derriba y se construye de nuevo y hay una normativa que marca que la fachada siga igual que antes, o bien se hace de estilo antequerano y conservando determinados elementos arquitectónicos como la puerta principal, el zaguán, el patio de columnas y, sobre todo, la fachada. Las normas para construir son muy estrictas. Eso, evidentemente, es un serio problema para el que quiere construir porque lo limita muchísimo; sin embargo, no tiene discusión su importancia para conservar y mejorar el magnífico patrimonio que tiene Antequera y su belleza.

Otros puntos de la geografía española han tenido menos suerte. Cuando se ha acudido a preservar ese patrimonio ya era demasiado tarde. Por el contrario, otras ciudades —las menos— lo han mantenido casi intacto para maravilla de los sentidos y de la historia. En Antequera los desmanes urbanísticos fueron detenidos a tiempo y las mejoras habidas en las últimas décadas la han situado como una ciudad limpia y bellísima. Esto nadie lo duda.

La primera misa celebrada en San Salvador la ofició el ya reseñado arzobispo de Santiago y predicó don Sancho de

Rojas, obispo de Palencia, quienes eran obispos guerreros, por así llamarlos: militares activos de mando relevante y que eran parte destacada de los consejeros del infante don Fernando. Se improvisó un altar mayor, situado en el lugar de adoración de la mezquita, y en el mismo se colocó una imagen de la Virgen de la Antigua, traída por don Fernando desde su campamento y que hoy está en la iglesia del Carmen. La imagen venía desde Valladolid desde el primer momento, con el séquito del infante, y se colocaba en el campamento o real para las misas. La imagen es pequeña, de unos sesenta centímetros de altura. Es solo de medio cuerpo, de la mitad delantera del mismo. La parte de atrás es lisa y no se ve. Es la parte que da a la pared. Parece que su base es cartón o algún elemento similar. Da la impresión de que fue hecha en serie, es decir, varias imágenes para ir poniéndolas en las plazas conquistadas. Es una imagen con un valor histórico tremendo, que ha sobrevivido a muchísimos avatares.

Como símbolo de la paz, este nuevo templo recibió una cruz de oro, aparte de la imagen de la Virgen, para presidir la misma los actos religiosos y las procesiones. Se recibió de manos del infante don Fernando, así como dos campanas para instalar en la nueva iglesia.

El 16 febrero de 1411 don Alonso, patriarca de Constantinopla y administrador perpetuo de Sevilla, ordenó la iglesia como parroquia. La iglesia tenía tres naves y capilla mayor. En ella se reunían el corregidor y los capitulares a partir de un mandato de Felipe II. Como consecuencia de la invasión francesa, fue totalmente abandonada. Se sabe que ese lugar se dejó posteriormente como coso para toros de lidia, pero fue un fracaso por varios motivos. Uno de ellos es que se miraba el coso como una profanación y la gente no quería ir.

En la pila bautismal de San Salvador fueron bautizados, entre otros, el poeta Juan Vilches, Luis Martín de la Plaza, la poetisa Cristobalina Fernández de Alarcón, conocida como «la musa de Antequera», y el cantor de la reconquista de la ciudad Rodrigo de Carvajal y Robles, que en romance cantó la conquista dentro del Siglo de Oro de la literatura castellana. La pila bautismal de San Salvador fue a parar a la iglesia de Santa María hasta que fue de nuevo trasladada a la capilla de San Salvador, de nueva construcción, concretamente el 30 de septiembre de 1880. El 16 de septiembre de 1879, en las fiestas de la patrona, el orador sagrado don José León se dirigió al alcalde, don Francisco Guerrero Muñoz, pidiendo que pusiera una capilla, un signo que perpetuase el lugar que ocupó la iglesia. Esto dio como resultado la construcción de una ermita, a la que nos referíamos antes, y el 30 de septiembre de 1880 se trasladó a la capilla en procesión la imagen de San Salvador. Abría la marcha un piquete de la Guardia Civil, después guiones y estandartes de todas las cofradías que había en Antequera, insignias de las parroquias y personas notables de la ciudad, así como el obispo de la diócesis. El 1 de octubre de 1880, aniversario de la consagración de la mezquita, se celebró una misa en la capilla nueva de San Salvador.

En fin, los tiempos no eran buenos para España y ya entre 1910 y 1915, por abandono, fue saqueada poco a poco. Desapareció la verja de hierro que había alrededor de la misma, así como las puertas, ventanas, tejas y demás elementos hasta que no quedó nada, solo algunas fotos. Eran años de carestía, de muchas necesidades, y antiguamente las construcciones se hacían aprovechando lo que se podía de demoliciones de antiguos edificios, que eran muy viejos y, por tanto, «no servían para nada». Es un milagro lo que ha podido salvarse y superar guerras, terremotos, incendios y un sinfín de calamidades. Por ello lo que queda hoy es primordial, esencial, básico y fundamental conservarlo antes de que sea demasiado tarde.

LA IGLESIA DE SANTA MARÍA LA MAYOR

Después de la conquista y de la integración del Reino de Granada se inició la construcción de la iglesia de Santa María de la Esperanza, la cual no llegó a terminarse nunca. Se hizo una parte de ella, la que corresponde al lugar del altar mayor, quizá un veinticinco por ciento del total de la iglesia, ya que jamás se reinició la misma. La parte construida fue utilizada mientras se construía una nueva, que es la iglesia de Santa María la Mayor. Incluso, posteriormente, como dependencias de la colegiata, la cual está situada formando una «T» con lo que había de obra anterior , un poco separada. Es decir, mirando la fachada de la majestuosa e impresionante iglesia de Santa María la Mayor se ve claramente, a la izquierda de la misma y formando ángulo de noventa grados, una cimentación que corresponde a la obra no culminada de Santa María de la Esperanza.

Debido al crecimiento de la población se consiguió que Santa María la Mayor fuese colegiata, no siendo posible lo de catedral, lo cual en su momento se intentó sin éxito. La fantástica iglesia actual se construyó por iniciativa del obispo don Diego Ramírez de Villaescusa, a cargo en aquel entonces de la diócesis de Málaga, quien, considerando el numeroso vecindario que había alcanzado la ciudad, obtuvo del papa Julio II en 1503 la oportuna bula para erigir en colegiata la antigua iglesia de Santa María de la Esperanza. Esta iglesia había empezado a construirse cuando Antequera pertenecía a la diócesis de Sevilla. Once años más tarde, el mismo obispo dispuso hacer la iglesia de nuevo con el nombre de Santa María la Mayor, mucho más grande. Se construyó de 1514 a 1550 y se considera la primera iglesia columnaria construida en Andalucía. Es un intento conseguido de la primera construcción renacentista de Andalucía. La torre es posterior, del siglo XVII, y su fachada es realmente impresionante y solemne. Las naves se cubren con artesonado de madera en estilo mudéjar. La iglesia es bellísima.

Hay combinación de estilos en la colegiata: columnas jónicas, algunas partes de techumbre gótica, techo mudéjar. En 1692 se trasladó a San Sebastián y en 1851 fue suprimida, entre otras muchas cosas, con el concordato entre España y la Santa Sede, que marcaba las relaciones Iglesia-Estado y que hizo que volvieran a la Iglesia los bienes no vendidos en la época liberal con la desamortización de Mendizábal.

Se abandonó la construcción de la iglesia de Santa María de la Esperanza debido a que se pensaba en problemas claros de cimentación, ya que está en un terraplén. Ya había sido construida parte de la misma: el ábside, que se estuvo utilizando durante años, mientras duraba la construcción de Santa María la Mayor, y posteriormente como dependencia de la colegiata. La cimentación se dejó, pues se estimaba que quitarla podría ser un problema para la estabilidad arquitectónica de Santa María la Mayor. Se dejó la cimentación, pero se quitaron los muros para ser aprovechados en la construcción de otra iglesia en Antequera.

En las colegiatas se celebra culto como en las catedrales, aunque no es sede del obispo ni del arzobispo. Se intentó en su momento que la colegiata fuese considerada catedral, pero lamentablemente no se consiguió por aquello de no disminuir la importancia de la de Málaga.

La colegiata, en cierto modo, puede considerarse como una antecesora de una universidad. Son muy pocas las ciudades en España con el privilegio de haber tenido una colegiata. El número no supera a los dedos de dos manos. Tenía cátedra de Gramática. Las colegiatas, como tal figura, fueron abolidas en el siglo XIX, en tiempos de Isabel II, con la firma del concordato con la Santa Sede, por imposición de la misma. Al dejar de existir esta figura se luchó por mantener la colegiata, pero la Santa Sede hizo oídos sordos y fue en 1851 cuando se suprimió.

Situada dentro de la ciudad fortificada, en un sitio estratégico, es lo primero que se ve cuando se entra por el Arco de los Gigantes. Delante, una hermosísima plaza. El Arco de los Gigantes está situado en el sitio aproximado donde estaba ubicada una de las dos puertas principales de Madina Antakira, la Puerta de Estepa, pero esta última estaba muy deteriorada, en parte por la entrada de carruajes con cargas para la construcción de Santa María la Mayor. Se optó por su demolición y en su lugar se construyó un arco, que se le llama de los Gigantes, cubierto en su momento por mármoles grabados romanos. Era el primer museo al aire libre de Europa. Posteriormente supongo que algunos serían robados y otros pasados al museo. Quedan los que están altos y no se pueden quitar de forma fácil. Además, hoy día está todo más controlado y vigilado.

La construcción de Santa María la Mayor, en buena medida, fue con bloques de las ruinas romanas de Singilia Barba por economía de materiales. En aquellos tiempos poco se valoraba —o casi nada— la historia y sus vestigios, salvo alguna que otra excepción. Singilia Barba, ciudad romana, está a unos cinco kilómetros de Antequera, dentro de una explotación agrícola de propiedad particular, Cortijo Castellón. Es un tema que apremia aflorar para ponerla en valor y recuperarla como patrimonio histórico, haciendo las inversiones de compra e investigación necesarias, ya que es una maravilla desconocida para la ciudadanía, fuera de los circuitos turísticos.

Dentro de los restos romanos de la alcazaba, los baños romanos, el cementerio romano, dentro del recinto de la medina, y ahora se está poniendo en valor la villa romana de la Estación, descubierta con motivo de la construcción de la carretera de circunvalación y que pronto será accesible al público.

Se procuró construir dentro del recinto árabe una iglesia monumental, impresionante, por la importancia de Antequera, por sobresalir a la monumentalidad del castillo, por su emblema y significado, y se consiguió con una majestuosidad inmensa. El hecho de que la iglesia de Santa María la Mayor esté dentro del recinto amurallado es la razón por la que la reseño, aunque sea brevemente, ya que su valor patrimonial es muy grande. Hoy no está abierta al culto y es, en definitiva, un monumento para ser visitado. Sin duda, de los más visitados en Antequera. Una preciosidad.

Este monumento, la iglesia de Santa María la Mayor, y su historia requieren, por su importancia, un análisis especial, pero ello no entra en el objetivo de este libro. Si se observa por el mirador de dicha plaza de la iglesia, fue un milagro que las ruinas de los baños romanos hayan quedado justamente al lado. Seguro que los baños romanos fueron los que utilizaron los árabes de la *madina* y junto a los mismos está el ábside de la iglesia de Santa María de la Esperanza.

La colegiata tenía una nómina importante de profesores, parte de los cuales eran humanistas de primer nivel. Las clases estaban en el ábside comentado y en el lateral izquierdo hay una construcción adosada, así como bajos de la iglesia, que supongo que sería donde se impartían las enseñanzas que dieron lugar a afamados poetas antequeranos en nuestro Siglo de Oro, por lo que Antequera alcanzó mucho renombre.

Antequera es la ciudad de las iglesias, la que tiene más iglesias de España. Un total de 33 iglesias han conseguido conservarse hasta la actualidad. Es cierto también que algunas iglesias y capillas se han perdido con los siglos, pero no son demasiadas. Del orden de seis o siete son las que ya no tenemos. De lo perdido no podemos hacer nada, de lo que tenemos sí hay que procurar que no se pierda y lo no aflorado conviene ponerlo en valor antes de que sea demasiado tarde.

En aquella zona alta los habitantes que había eran chabolistas. Había una total falta de higiene, por lo que finalmente el ayuntamiento decidió derrumbar las edificaciones que quedaban. No había turismo y aquella zona del castillo era un páramo. Dentro de la iglesia de Santa María había muchas hierbas; parecía un espacio abierto. Al techo le faltaba un tramo de techumbre en 1960. Recuerdo la pena que me daba. Viendo aquello, pensaba que no se salvaba de la ruina en la que ya estaba fuertemente metida. El callejón del Aire realmente no existía, era todo tierra, que hacía filtrar humedades a la iglesia. Me parece recordar ver vacas pastando dentro de la iglesia, a modo de corral. Dentro de la iglesia, a la derecha, entre la capilla primera y segunda, se ve en el suelo una losa redonda de mármol de aproximadamente cincuenta centímetros de diámetro. Hace años alguien, no recuerdo bien quién, levantó la losa para que viese que es un profundo pozo con agua, lo que me sorprendió. No sé si esto se sabe.

Hoy, por suerte, da gusto ir por allí. Todo está restaurado y bonito, monumental. Menos mal. Aunque queda mucho por hacer, se ha hecho bastante. No sé los artífices que empujaron para poner el paraje como está ahora, pero en mi mente, desde lejos, creo que Antequera le debe mucho al alcalde don Jesús Romero, aunque todos los alcaldes de la democracia han hecho mucho por Antequera, para dejarla tan bella como está en la actualidad, si bien quedan muchas cosas.

El recinto del castillo y la ciudad árabe poco a poco se fueron abandonando. La población se venía a un sitio más cómodo como es el llano. En 1692 se trasladó el contenido de la iglesia a San Sebastián, que pasó a ser la colegiata. Junto a la iglesia cercana del barrio de San Juan parece que en sus tiempos había una pequeña mezquita.

AÑOS DESPUÉS

Se firmó una nueva tregua entre castellanos y nazaríes en 1413. Después, el 18 de noviembre de 1414, la merced real confirmó y dio por bueno el repartimiento de tierras y casas efectuado por Rodrigo de Narváez y Gonzalo García de Eslava, con lo que quedaron los afectados ya como propietarios y se dotaba con bienes propios al Ayuntamiento de Antequera.

El primer alcaide fue Rodrigo de Narváez. El título de alcaide era heredable, es decir, que pasaba después a un heredero. Le sucedió a Rodrigo como alcaide su hijo Pedro de Narváez y el tercer alcaide fue Hernando de Narváez. En el libro de don Manuel García de Yegros se señala el nombre de catorce alcaides Narváez. En la fecha en la que él escribió el libro seguía la saga.

Abén Humeya, líder de la rebelión de los moriscos en 1568, tenía como nombre castellanizado Hernando o Fernando de Córdoba y de Válor. Felipe III entregó las instrucciones al duque de Lerma y al arzobispo de Valencia: decretó la expulsión de los moriscos en 1601. En 1614 fueron expulsados los últimos. Si se quedaban, la pena era de vida. Fue una medida mal recibida por todos, en todos los ámbitos. Medio millón de personas tuvieron que abandonar España en una época en la que población era escasa. Perdimos buenos agricultores y buenos artesanos y, además, algunos grupos situados en la costa marroquí se encargaban de piratear en nuestras costas. Pero, claro, ahora examinar la historia con otra perspectiva no es justo. Muchas causas motivaron esta decisión; se estaba en un camino sin otra salida.

Se construyó el Arco de los Gigantes como primer monumento o museo al aire libre de Europa. Como elemento identificativo, el arco tiene la jarra de azucenas y encima del arco hay una copia de la escultura de Hércules. Cuenta la leyenda que Hércules abrió el Caminito del Rey, que con su mano hizo el tajo y ya con agua celebró e hizo el dolmen (guía de «Antequera Luz de Luna», visita el domingo 11 de agosto de 2019).

Los árabes consideran a Jesucristo, de cuya existencia no dudan, como un profeta y a Mahoma como el último profeta, que dejó escrita en el Corán la forma de actuar. Con el Daesh y las barbaridades del Estado Islámico, los musulmanes han obtenido una imagen del islam que ahora es muy difícil erradicar y se ha pasado a más tensión cultural que la que había hace siglos.

Todos los años desde 1410, el 16 de septiembre, hay una función votiva dedicada a la patrona ganadora en la iglesia de Santa Eufemia. Es la misa más antigua que se celebra en la provincia de Málaga. Votiva quiere decir que asiste el cabildo civil y el eclesiástico.

Actualmente el convento de Santa Eufemia no tiene monjas. Las pocas que había se marcharon a Archidona. Eran monjas mínimas de San Francisco de Paula las que formaban parte de esta comunidad religiosa. La iglesia la cuida, por suerte, la Hermandad de Santa Eufemia, cuya junta directiva, de veintidós personas, se reúne mensualmente, lo más próximo posible al día 16. De los veintidós integrantes de la junta, ocho forman una junta permanente, que se reúne en los temas de urgencia.

El *alma mater* de que la iglesia de Santa Eufemia siga con su procesión en septiembre, su museo y la celebración de la eucaristía semanal fue en gran y fuerte medida don Ángel Guerrero, director de *El Sol de Antequera*, ya fallecido, quien reorganizó la hermandad en 1988. En la actualidad continúan con la misma intensidad su hijo Antonio José Guerrero Clavijo y un grupo de personas sensibles y abnegadas. Los sábados de 11:00 a 13:00 abren la iglesia, la cual tiene un precioso museo. Una buena parte del convento ha sido segregada mediante tapiado y es un lugar de acogida de refugiados. Parece que ahora hay del orden de veinticuatro.

La iglesia, gracias a este grupo de trabajo, se mantiene, se abre y se cuida, por lo que el grupo es digno de felicitación y reconocimiento. No ocurre lo mismo con el majestuoso convento de Madre de Dios. Las monjas se fueron, parece que de noche, a otro convento. El convento y la iglesia quedaron cerrados y no entra nadie, con lo cual, evidentemente, se estarán deteriorando fuertemente. Cada vez que paso por la puerta se me coge un pellizco en el estómago de pena. No sé cómo estas cosas pueden ocurrir. Supongo que dependen del obispado de Málaga o del arzobispado, no estoy puesto en ello. Es una situación lamentable.

Antequera se cubrió de conventos, fue un vivero de conventos desde 1500 hasta 1700 fundamentalmente. Crecieron por doquier conventos y conventos, por lo general de cierta extensión al incluir, además de la iglesia, patios porticados y otras habitaciones. Además de ello, dentro del mismo convento había importantes huertos. Así, un convento podría ocupar lo que hoy llamamos una manzana de casas. En la nueva Antequera, Antequera la llana, no había convento que no lo tuviese. Familias adineradas sin descendencia donaban sus bienes para el establecimiento de conventos. Era una manera de procurar los donantes la gloria eterna. Igualmente, se creaban hospitales. Hasta siete hospitales hubo, que posteriormente se fusionaron en uno. Casas nobiliarias y casas señoriales se repartían por la ciudad. Una parte del patrimonio se ha perdido, pero otra parte importante se ha logrado conservar para suerte de los antequeranos. El número total de monjas en los años de más intensidad es difícil de reseñar. Me atrevo a aventurar que cuatrocientas.

Las iglesias y conventos, sobre todo las primeras, han logrado conservarse; las casas señoriales, lamentablemente, han corrido peor suerte. En buen porcentaje han sido demolidas y sustituidas por horrorosos bloques de pisos. Después de la salvajada de derribos entre los años 1970 y 1975, cuando se derruyeron aproximadamente mil casas, esta dinámica se paró y se ha reconducido en los últimos cincuenta años, tratándose de conservar lo que nos queda y recuperar lo posible.

Los conventos con el tiempo fueron reduciendo su superficie y fue vendida parte de la misma para la construcción de casas. Cambiaban los tiempos. Igualmente, casas nobiliarias vendían parte de su superficie o la casa completa con el mismo objeto.

En los últimos años, con la declaración de Patrimonio Mundial de la Humanidad al Sitio de los Dólmenes, Antequera ha intensificado su belleza como una ciudad monumental, mejorando día a día y poniendo en valor una gran historia de personajes, lugares, monumentos, acontecimientos y hechos, que es digna de estudiar más a fondo y de conocer, de conocer nuestras raíces.

En 1410 hubo un cambio importante con la conquista. Se acabó de forma radical la historia hasta ese momento y se inició otra, quedando solo como testigos los monumentos. El diseño del futuro está claro que confluirá en hacer nuestra vida más agradable. Y para ello hay que hacérsela a los demás. El futuro es consecuencia del diseño de este, de ahora. El futuro no viene, se construye. Construyamos el futuro, aunque no lo vayamos a ver. Sembradores de sueños y de esperanzas, sembradores de vida.

La península ibérica vivió uno de los momentos más privilegiados de su historia durante el periodo de la España musulmana, que dio lugar a una brillante civilización, en la cual Andalucía se convirtió en el foco cultural de Europa y en el puente entre Oriente y Occidente.

EPÍLOGO

Los árabes estuvieron en España ocho siglos, concretamente desde el siglo VIII al XIV, ambos incluidos, que son muchos años. La historia ha sido como ha sido y es bueno recordarla, leer historia para saber de nuestros ancestros, no para reivindicar hechos pasados ya prescritos, sino para aprender del pasado por su valor para el futuro. Conocer la historia es necesario y mirar al futuro es imprescindible, viviendo el presente. Leyendo historia se aprende y se quiere más.

De ser el castillo unas ruinas bastante abandonadas a mediados del siglo XX, se ha pasado a una reconstrucción guardando las esencias de su momento. Ha sido una tarea encomiable y digna de alabanza por lo mucho hecho, si bien queda bastante por hacer y los trabajos están a la mitad. Ya lo que queda es mucho menos que antes y además las líneas están trazadas.

Con el auge que ha tomado la Costa del Sol, con la cercanía de Antequera a Málaga y con el núcleo de comunicación estratégico de Andalucía que es Antequera, vía carretera y ferrocarril, tiene un presente prometedor y un futuro impresionante, de fuerte impacto turístico. La atracción de turistas a Antequera requiere inversiones adecuadas en la revitalización del pasado, de la historia y, desde luego, de un buen *marketing*. Hemos de considerar a cada turista como un cliente y, por consiguiente, tratarlo de forma exquisita. Que recuerde Antequera sobre todo por la calidad humana de las personas.

El sector ocio tiene un buen porvenir. En general, todo lo que sirva para no trabajar tiene un prometedor futuro. En un mundo donde la automatización y la digitalización cada vez más sustituyen al esfuerzo humano, se impone otro tipo de actividad como el turismo cultural. Quizá con el tiempo, lo mismo que los musulmanes una vez en la vida van si pueden a la Meca, el turista al menos una vez en la vida ha de venir a Antequera. Y turistas somos todos.

Antequera es un mundo todavía con muchos tesoros ocultos, que necesita inversiones y buenas ideas para ponerlos en valor. Tenemos un alto potencial, que mientras antes se active, mejor para la mejora de vida de la población. Ir, por ejemplo, en cualquier noche de verano a cenar a plaza de los Escribanos, junto a la monumental fachada de la que fue colegiata de Santa María, es una gozada de por sí y un alimento para el alma.

En Antequera no tenemos petróleo, la industria es mínima y no depende de nosotros en alto porcentaje. Por tanto, el que venga bien acogido será, aunque conviene promocionar Antequera ante el empresariado nacional e internacional para que invierta en la ciudad. En agricultura tenemos las limitaciones propias del clima y, en general, está poco desarrollada.

La Antequera del siglo XXI es el crisol de culturas megalíticas, romana, visigoda, árabe, almohade, castellana, cristiana, que la hacen una ciudad bella como dicen todos los que la conocen, sin excepción. Una ciudad emblemática, entronque de civilizaciones, cruce de caminos, centro de Andalucía. El mayor futuro de Antequera es consecuencia de su pasado.

«Nuestro pasado es el futuro».

BIBLIOGRAFÍA

Para esta redacción me he basado en la lectura del libro *Crónica del rey Juan II de Castilla* (1406-1420), escrito en castellano antiguo y de lectura, por consiguiente, muy dificultosa, teniendo que recurrir de forma constante al diccionario y no siempre con buen resultado. Como el cronista estuvo en el asalto, tiene información de primera mano, densa y compleja. Aparte, he dedicado horas a leer otros libros, destacando el de don Fermín Requena Díaz y otros diversos de lectura o de consulta de temas específicos.

He navegado por internet, leído revistas, folletos y, por supuesto, he dado paseos por el recinto amurallado, por fuera y por dentro. Me he sumergido mentalmente, como si estuviese viviendo en aquella época, y de todo ello, con algunas notas de fechas, he escrito este refrito mental para ajustarme lo más posible a como he entendido que fueron los hechos que se comentan. Realmente es un tema apasionante, del que este libro no deja de ser meramente un pequeño apunte general.

www.ingramcontent.com/pod-product-compliance
Lightning Source LLC
LaVergne TN
LVHW040116180726
843489LV00005B/1451